# LE MOULINET

## PLAISIRS DU FOYER

PAR

M<sup>ME</sup> CAROLINE-EUGÉNIE PUISSAN

## PARIS

LIBRAIRIE PLON

E. PLON, NOURRIT ET C<sup>ie</sup>, IMPRIMEURS-ÉDITEURS

RUE GARANCIÈRE, 10

—

1893

*Tous droits réservés*

# LE MOULINET

## PLAISIRS DU FOYER

*Du même Auteur, à la même Librairie :*

**Le Presbytère de Plouarzel,** histoire bretonne. Deux très beaux volumes grand in-8°, en vers, illustrés de 16 gravures.

**Isabelle de Miraflor.** Un beau volume grand in-8°, en vers, illustré de 8 gravures.

PARIS. — TYPOGRAPHIE DE E. PLON, NOURRIT ET C^{ie}, RUE GARANCIÈRE, 8.

# LE MOULINET

## PLAISIRS DU FOYER

PAR

Mᵐᵉ CAROLINE-EUGÉNIE PUISSAN

## PARIS

LIBRAIRIE PLON

E. PLON, NOURRIT ET Cⁱᵉ, IMPRIMEURS-ÉDITEURS

RUE GARANCIÈRE, 10

1893

*Tous droits réservés*

A LA MÉMOIRE

DE

# MON MARI MONSIEUR PUISSAN

CONSEILLER A LA COUR DE CASSATION

CAROLINE-EUGÉNIE LEMIRE

# LE MOULINET



La mort en me frappant au plus profond de l'âme
Semble de ma pensée avoir éteint la flamme !
Je fais pour l'éveiller des efforts superflus,
Ma verve d'autrefois ne se retrouve plus !
J'avais à mes côtés ce qui charme la vie,
Un trésor, mais de ceux que dédaigne l'envie,
Une belle famille au cœur aimant et doux ;
De ce calme bonheur le trépas fut jaloux...
Et j'ai vu succomber — souvenir qui m'oppresse,
Ma fille ! chère enfant qu'entourait ma tendresse.
De mes chagrins il faut distraire mon esprit...
Peut-être qu'en rêvant le cœur blessé guérit.
Je voudrais l'espérer et ranimer ma plume
Au foyer poétique où l'âme se rallume !
Un démon qui m'était jusqu'alors étranger,
L'ennui... l'hôte funeste est venu m'assiéger.
Poursuivre une pensée en dehors de ma peine
M'est vraiment difficile... hélas ! tout m'y ramène !
Il faudrait me distraire, et tracer au hasard
Ce qu'inspire le temps, ce que voit le regard.

Ne pouvoir éloigner une cruelle idée
Conduit à la folie, et j'en suis obsédée...
Écrire fut toujours mon passe-temps chéri,
Du moins qu'il berce encor mon cœur endolori.
Que dire?... où puis-je, hélas! reposer ma pensée?
Quel sujet pourrait plaire à mon âme blessée?...
Peut-être en est-il un qui vers lui m'entraînait...
J'y songe, et veux parler de mon cher Moulinet!
On l'appelle Château! — Bien que des plus modestes
D'origine royale, il en a quelques restes :

Louis quinze l'aimait, et le garda douze ans,
Plus en berger qu'en Roi, disent les médisants!
Mais remontons plus haut : Vers quinze cent quarante
Le vieux manoir bâti non loin d'une eau courante
Avait vu s'effondrer ses tours et ses lambris,
Ce n'était plus qu'un tas de pierres, de débris,
Reste des anciens temps qui s'écroule en poussière!
Et Jean de Pavisson, seigneur de Garancière,
Le vend à cette époque à Loys du Moulin :
Il commande un manoir digne d'un châtelain,
Qui gardant de son nom un souvenir fidèle
Pense que : « *Moulinet* » pour toujours le rappelle.
Puis on dessine un parc, on creuse des bassins :
D'inépuisables eaux secondent ses desseins;
Des sauts de loup, des bois lui servent de ceinture
Et les travaux de l'homme aidant à la nature,
Ce fut une oasis que l'on se disputait!

LE MOULINET

Que d'or y fut jeté par ceux qu'il abritait !
En trois siècles, vingt fois il a changé de maître ;
Il en est quelques-uns que je ferai connaître !

Un Frédy l'acheta de Loys du Moulin ;
La dame Richeli succède au châtelain,
Ensuite un président en fut propriétaire,
Briçonnet y cherchait un repos salutaire,
Lorsque le Parlement lui laissait des loisirs :
Abandonnant Paris et ses mondains plaisirs,
Il venait dans les bois oublier le Prétoire :
Le nom des Briçonnet appartient à l'histoire.
D'origine bourgeoise, anobli par le Roi,
Avec un titre, Jean obtint un bel emploi.
Louis l'aimait beaucoup, et son frère Guillaume
Devint sous Charle huit l'un des grands du royaume.
Pour archevêque aussi Reims eut un Briçonnet,
L'oncle du président (celui du Moulinet !)
Un Bragelonne ensuite en fut propriétaire ;
Moins d'une année après, en vente il met sa terre ;
Un Frédy la reprend, mais plus ou moins charmé
Il la cède bientôt à dame Bonarmé :
Elle y passe vingt ans, y meurt, et dans l'église
On l'enterre… son corps repose sous la frise,
Les bancs des deux châteaux, le Moulinet et Breuil,
Sont placés sur la voûte enfermant son cercueil.

Le Moulinet tombait, miné par son grand âge,

Deux siècles écoulés impriment leur passage;
Du temps il subissait l'inexorable loi
Quand Robert Richemont l'acheta pour le Roi;
Alors il fut bâti sur un nouveau modèle (1750),
Entouré de fossés comme une citadelle :
Un pont-levis ferma le caprice royal
Dont on bannit le luxe et le cérémonial.
Et là, près d'une belle élégante et coquette,
Louis quinze gaîment riait de l'étiquette !
Dans sa maison des champs, heureux de fuir la Cour,
Il venait oublier la Reine et Pompadour !
« Simple lieu de plaisance, un rendez-vous de chasse! »
Répétaient les flatteurs à l'âme vile et basse...
Un rendez-vous de chasse!... euphémisme discret!...
Où Vénus plus que Diane était dans le secret !

On retrouve partout les ⚜ croisés de Sèvres
D'un fini remarquable, un vrai travail d'orfèvres.
Louis quinze garda douze ans le Moulinet,
Il appartint ensuite à Pâris Duverney.
Ce nom, à la rigueur peut me servir de rime !...
Il en est maintenant plusieurs que je supprime.
Un Vaufreland l'achète aimant les belles eaux
Et trouve un soir son fils couché sur les roseaux,
A demi mort, glacé !... L'enfant n'a pu survivre;
De chagrin presque fou, son père veut le suivre.
Il vécut cependant, la mort ne voulant pas
De ceux à qui le deuil fait chercher le trépas !

Dans le trouble d'esprit où sa douleur l'amène
Jamais il n'a voulu rentrer dans son domaine;
Bien souvent la souffrance altère le cerveau!
Le pauvre Moulinet fut vendu de nouveau!

Clary le Marseillais se présente, et l'achète.
Son arrivée a mis tout le village en fête!
Car les autorités aussitôt s'étaient dit
Qu'on pourrait obtenir beaucoup par son crédit.
A cette époque on voit des gens nés sous le chaume
Auxquels Napoléon octroyait un royaume!
Les gendres de Clary, rois puissants tous les deux,
Lui donneront sans doute un état digne d'eux!
Cela rejaillira jusque sur Garancière
D'être ainsi protégé par la faveur princière!
Mais la Suède et l'Espagne étaient si loin d'ici
Que du toit paternel ou eut peu de souci.
Clary toujours attend un destin plus prospère,
Le temps n'apporte rien de tout ce qu'il espère;
Ne menant pas le train qu'il avait annoncé
A toute illusion il avait renoncé!
Au bout de dix-huit mois d'attente douloureuse
Il vend le Moulinet, l'âme aigrie et fiévreuse :
C'est vers mil huit cent dix que, perdant tout espoir,
Confus et désolé, Clary partit un soir!
Quand on a vu de près l'ingratitude humaine,
A la misanthropie aisément elle amène!

Il vint au Moulinet de nouveaux habitants;
Eux aussi ne l'ont pas conservé bien longtemps,
Malgré sa belle vue et son eau murmurante :
Mon père alors l'achète en mil huit cent quarante,
Trois siècles juste après que Loys du Moulin
En fut, le construisant, le premier châtelain.


Ce castel est à nous depuis cinquante années,
Les rapides saisons y semblaient des journées!
Qu'il s'est vite écoulé ce temps heureux et doux
Quand j'avais mes parents, mes filles, mon époux!
La mort frappa les uns, l'hymen a pris les autres.
Les fiancés sont doux; ils font les bons apôtres,
Le temps seul fait juger ceux que l'on a choisis;
Mes gendres, grâce à Dieu, sont devenus mes fils.
Ma mère se plaisait à nous avoir près d'elle,
J'en conserve dans l'âme un souvenir fidèle !
Que de charmants étés passés au Moulinet !
Qu'il plût ou qu'il fît beau, Pâques nous ramenait.
Mes chers petits-enfants rivalisaient de grâce,
De bonne humeur, d'entrain, de folie et d'audace !
Avant que le collège eût cloîtré les garçons,
Ils jouaient et chantaient comme de gais pinsons.
De ce lointain passé mon cœur s'enivre en songe,
Je m'oublie à rêver... mon erreur se prolonge;
Au réveil le chagrin anéantit ma voix !
Élans vers l'idéal, délices d'autrefois,
Vous ne m'inspirez plus !... en vain je vous supplie,

Ah! revenez encor!... que grâce à vous j'oublie!
Devant la mort tout cède... on ne peut résister!
Heureux celui qui sent la force de lutter!
O muse! qui jadis paraissiez me sourire,
Prenez pitié d'un cœur que le chagrin déchire;
Les larmes dans les yeux, je viens vous implorer,
Endormez ma douleur, ou laissez-moi pleurer!

Quand le cœur est frappé d'une amère souffrance
Il ne voit que son mal et sa désespérance.
On lutte à son insu, voulant se retrouver;
C'est le travail alors qui seul peut nous sauver.
De mon vieux Moulinet j'ai retracé l'histoire,
Rien n'est d'invention, tout est chose notoire.
Je veux décrire aussi, pour le dépeindre mieux,
Son beau salon orné d'élégants camaïeux;
Ce luxe de décor, jadis primant l'utile!
Bâti sous Louis quinze, il en garde le style,
Avec ses ponts-levis, et ses fossés plein d'eau,
Ses parterres en fleur alignés au cordeau,
Son joli parc ombreux et sa vue admirable,
A tous il paraissait un séjour désirable.
Un vandale a détruit son air de château fort,
En le modernisant il en troubla l'accord!
De l'ancien pont-levis il ne reste plus trace;
Sur les fossés comblés on a fait la terrasse.
De ce qu'il fut jadis, les plans étaient restés,
Autant qu'on l'a pu faire, on les a consultés.

Du salon, sous les yeux s'étend un beau parterre,
De tous ceux de Le Nôtre il a le caractère :
Plus loin un grand bassin qui peut porter bateau
Étincelle au soleil reflétant le château.
Pour modèle on a pris un miroir de Venise,
Survient un maladroit qui le désorganise!
Mais bien qu'il ait perdu son cachet du passé
Il est encor charmant tel qu'on nous l'a laissé!
La vue en demi-cercle est d'immense étendue
Et par aucun obstacle elle n'est suspendue;
De la tour Eiffel même on aperçoit les feux,
A moins que le brouillard n'intervienne en fâcheux!
Voyant par le soleil ce tableau magnifique.
Que de fois on m'a dit : « Il est panoramique! »
Lorsque Paris brûlait aux jours de nos malheurs,
On en voyait d'ici les funèbres lueurs!
Et nous en sommes loin de plus de douze lieues!
*Lieue* est funeste en vers, ne rimant qu'avec bleues!
Mais comme je parlais de vue et d'horizon,
Le bleu couleur du ciel n'est pas hors de saison!
Étouffant les regrets auxquels mon cœur se livre,
Sans oublier mon deuil je m'efforce de vivre;
Quand on peut travailler, le chagrin s'adoucit,
Et je me suis distraite en faisant ce récit.

Juin 1890.

Mars 1891.

Nulle souffrance, hélas ! ne me fut épargnée ;
A peine à ma douleur je semblais résignée
Que mon cœur fut plongé dans un profond chagrin,
De ceux auxquels le temps n'apporte pas de frein !...
Ce n'était pas assez d'avoir perdu ma fille,
De nouveau le trépas a frappé ma famille...
Que Jeanne était jolie avec de blonds cheveux,
Son teint rose éclairé par de doux grands yeux bleus,
Sa grâce souriante, et son beau profil d'ange !
La mort guette sa proie et des heureux se venge !
La beauté, la jeunesse et l'amour d'un époux,
Ces biens semblaient promettre un avenir si doux !
Ce malheur, non plus grand, mais plus affreux peut-être,
A comme un coup de foudre anéanti mon être !
Conserver ses enfants est le plus vrai bonheur,
Qui perd les siens connaît la suprême douleur !...

Je voulais achever ma route sans écrire,
Le démon qui me tient refuse d'y souscrire ;
Il me remet de force une plume à la main,
Je subis un pouvoir invincible, inhumain !
Arrachant à son mal ma pauvre âme blessée,
« Au loisir qui te plaît livre encor ta pensée ! »
Dit ce tyran, chez moi sans scrupule établi.
Je cède, en demandant le calme et non l'oubli !
De mon cher Moulinet je vais parler encore,

De l'eau qui l'embellit, de l'art qui le décore ;
Sur les murs du salon de ce royal hochet,
Les peintres, les sculpteurs ont laissé leur cachet.
Un grand vase sculpté domine le parterre,
Il offre un sujet pris des fables de Cythère.
Se servant d'un dauphin comme d'un palefroi,
Une femme est assise, et vogue sans effroi ;
Sur ce siège mouvant, distraite et presque nue,
Elle est par deux tritons doucement soutenue ;
Le plus jeune lui jette un coup d'œil langoureux,
Le second, un vieillard, n'a rien d'un amoureux.
En y songeant je crois que c'est Vénus la blonde,
Triomphante beauté, sortant du sein de l'onde ;
Sans doute elle a trop chaud dans ce climat charmant,
Une légère écharpe est tout son vêtement !
Ce vase a d'autre part l'élégante couronne
De perles, de fleurons que le marquisat donne ;
On distingue au-dessous des chiffres enlacés,
Sur lesquels les savants ne sont pas bien fixés.
On croit y voir des S ou l'ℒ à Sèvre éclose,
Donnant de la valeur à la plus simple chose !...
Quelle était la beauté pour qui le souverain
A fait sculpter la pierre et fait fondre l'airain ?
Des oves élégants entourent ce beau vase,
Un pied rond le soutient en lui servant de base,
Cent cinquante ans et plus pèsent sur ses rinceaux.
Peut-être y manque-t-il quelques petits morceaux,
Mais qu'importe ! Il me plaît, et sa vétusté même

VASE DE PIERRE SCULPTÉE

A ce cachet d'antique, à la mode et que j'aime !
J'en eus le goût avant qu'il se soit répandu :
On me raillait un peu sur mon culte assidu
Pour les Sèvres anciens, la belle pâte tendre,
Merveilles du passé qu'on ne peut pas nous rendre.
L'amateur maintenant les paye au poids de l'or,
Le vieux Sèvres s'estime à l'égal d'un trésor !

J'aime le Moulinet, je ne saurais le taire,
Et je reviens m'asseoir dans mon joli parterre,
Dans la coupe sculptée où s'étalent des fleurs ;
C'est un mélange heureux des plus riches couleurs,
Le géranium blanc et le rouge et le rose
Entrent dans les bouquets que parfois je compose :
Et, si je les choisis, c'est qu'ils sont sans parfums,
J'en ai souvent souffert, tous me sont importuns !
Entre deux pièces d'eau le parterre a pris place,
Le miroir le reflète en lui servant de glace.
Des vases Médicis dans lesquels sont plantés
De jolis arbrisseaux l'ornent des deux côtés.
Des saules qui sont vieux de plus de cent années
Laissent tomber sur l'eau leurs branches inclinées.
Dans l'allée au delà fleurissent les rosiers
Dont le parfum se mêle à ceux des framboisiers.
On aperçoit au loin la salle de verdure
Où poussent à regret quelques thyms en bordure
Le jardin finit là, fermé par un canal
Que longe sans lui nuire un chemin vicinal.

Je reviens au salon; ses riantes peintures
Ont des cadres ornés de très fines sculptures.
L'époque Louis quinze en a donné le goût,
C'est à profusion qu'on en a mis partout !
Au-dessus des volets par les rideaux cachées,
A peine aperçoit-on des fleurs ainsi perchées !
Car les murs ont au moins cinq mètres de hauteur.
Mais comme tout fut bien compris par le sculpteur,
Des deux côtés la vue attire à la fenêtre;
Par des petits carreaux la lumière pénètre.
Je les ai bien comptés, c'est cent soixante-dix
Qui venaient éclairer le royal Amadis !
A cette mode ancienne a succédé la glace ;
Aujourd'hui le vitrail revient et la remplace.
Aux champs, c'est très joli, s'il ôte un peu de jour
Il donne le cachet d'un antique séjour.
Empruntant du passé les modes surannées,
Paris nous en fait voir depuis quelques années.
Les glaces ont été faites en deux morceaux
Carrés du bas, ensuite arrondis en arceaux,
Et, sur ces grands miroirs comme sur chaque porte,
Des camaïeux leur font une élégante escorte.
Les cadres sont ornés de rubans et de fleurs;
Pour ses œuvres Boucher voulut de bons sculpteurs.
Un lustre bien taillé, vieux cristal de Bohême,
S'irisant au soleil a des reflets de gemme.
La cheminée aussi veut une mention :
Son marbre gris de Flandre et sa perfection,

Ses beaux enroulements que tout le monde admire,
Au-dessous de la glace où l'horloge se mire,
Valent bien quelques mots décrivant ce qu'elle est :
Du style Louis quinze elle offre le cachet.
Là brille le cristal formant des girandoles,
Près des glaces des bras, et plus loin deux consoles.
La pendule révèle un travail curieux,
Et sans connaître alors son destin glorieux
Mon aïeule en fit don à ma mère, sa fille :
Depuis près de cent ans elle est dans ma famille.
OEuvre de Boule ! fut dit d'un commun accord ;
Quant à son origine, on l'ignorait encor :
On n'avait pas creusé le sens allégorique
Qui donne à cette horloge un cachet historique,
Et je dois au hasard d'en connaître le prix.
L'ayant fait réparer, elle était à Paris.
Un savant vint un jour, au sujet d'une affaire,
Consulter mon mari sur ce qu'il devait faire.
En rentrant au salon, après avoir causé,
De la belle pendule il s'était avisé.
— « Monsieur le Président, quelle superbe horloge !
« On ne saurait en faire un assez bel éloge !
« Boule en fit un chef-d'œuvre allégorique et fin
« En sachant qu'elle était destinée au Dauphin.
« Elle orna tout d'abord Versailles, sa demeure ;
« Le Roi sur ce cadran apprit à savoir l'heure ;
« Elle a dù faire envie à quelque riche Anglais,
« Sans doute on l'a volée en pillant le palais ! »

Dit le savant : « Je crois que dans les catalogues
« Elle a son numéro !... J'en ai vu d'analogues,
« Magnifiques aussi, mais nulle autre n'offrait
« Ce qui pour l'antiquaire est le suprême attrait !
« L'empreinte ineffaçable, et souvent grandiose,
« Ce cachet que l'histoire imprime à toute chose.
« L'allégorie est là dans le moindre détail :
« Voyez ces attributs ! quel habile travail !
« L'œuvre d'un inspiré qui réalise un rêve !
« Boule n'eut pas de maître, et n'a pas fait d'élève !
« Le bronze est éloquent ! comme tout parle aux yeux !
« Bourgogne alla trop tôt rejoindre ses aïeux.
« Pauvre duc ! Roi futur ! sa femme quasi Reine
« Mourant, jeune et charmante à ses côtés l'entraîne ;
« Boule fit ce travail pour le prince orphelin,
« Lorsque son bisaïeul était sur son déclin ! »


Le fond de la pendule aux ornements rocaille
Offre un damier de cuivre entremêlé d'écaille.
Au milieu, sur la vitre, un beau sujet doré
Représente une femme au regard inspiré ;
Le sceptre qu'elle tient est celui de la France,
Les seins gonflés de lait ramènent l'espérance.
On voit dans l'écusson le royal attribut :
Un dauphin promettant la paix et le salut.
La branche de laurier aux Amours se marie,
Et le luth au clairon : charmante allégorie !

PENDULE DE BOULE

Dans cette œuvre où la grâce est unie au bon goût,
De l'enfant-Roi l'image est là, planant sur tout.
A la voir on se plaît à suivre la pensée
Que le talent de Boule en bronze a retracée !
Au pied, mise en vedette, on voit à chaque coin
Une cariatide ornée avec grand soin ;
Des cartouches dorés sont les nobles demeures,
Où le goût de l'artiste a renfermé les heures.
L'aiguille qui les marque est une fleur de lis,
Un emblème royal, comme autrefois l'ibis.
Le superbe cadran est en chiffres arabes...
Pour trouver une rime, il me faut deux syllabes !...
Les attributs du temps ne sont pas oubliés ;
On y retrouve aussi des faux, des sabliers,
Et l'on voit au sommet, Minerve, la Sagesse,
L'Égide des mortels qui soutient leur faiblesse.
Cette pendule a plus d'un mètre de hauteur.
J'ai craint pendant la guerre un tudesque amateur ;
Dans un recoin perdu nos gens l'avaient cachée ;
Ignorant sa valeur on ne l'a pas cherchée.
La tête de Méduse aux lumineux sillons
De l'emblème royal évoque les rayons.
Minerve assise tient un papyrus antique ;
C'est l'Histoire, édictant l'éloge ou la critique.
Elle vient dire au Roi, qui n'en eut pas souci,
Que le bonheur du peuple était à sa merci !
Pour Louis quinze enfant cette horloge était faite,
Jamais il n'en comprit l'allusion discrète !...

Longtemps après, Boucher, pour le prince amoureux,
Fait sculpter le salon et peint les camaïeux.


Des choses de ce monde étranges destinées,
Cette pendule avait plus de cent trente années
Quand mon père acheta ce domaine charmant
Où ma paisible vie a passé doucement,
Jusqu'au jour où la mort me frappa sans relâche.
Il faut souffrir et vivre, en achevant sa tâche!

.   .   .   .   .   .   .   .   .   .   .   .   .   .   .

Ce beau salon le Roi l'a fait orner pour lui.
Là, souvent de la Cour il oubliait l'ennui!
L'horloge, où la pensée au bon goût se marie
Et dont chaque ornement est une allégorie,
Elle dut plaire au Roi, qui n'a pas ignoré
Que tout s'adresse à lui dans le bronze doré.
L'horloge et le salon, d'origine royale,
Possèdent dans leur genre une valeur égale.
Tous deux pour Louis quinze ont été décorés.
Pendant cent ans et plus, ils furent séparés,
Rien ne faisait prévoir qu'on les verrait ensemble;
Pourtant au Moulinet le hasard les rassemble!


L'horloge a son histoire, et je veux l'esquisser:
A Versailles d'abord on a dû la placer.
Elle vit à la Cour beaucoup d'étranges choses,
Des sourires changés en grimaces moroses!
Elle a vu des splendeurs qu'on ne doit plus revoir,

Que suivit un désastre impossible à prévoir !
Aux premiers jours du règne elle a vu Louis seize
Que chérissait alors la nation française !
Pauvre Roi ! de sa race il fut seul vertueux,
Et paya par sa mort les crimes des aïeux !
Alors un vent d'orage a dévasté la France,
Propagé la terreur et voilé l'espérance !
Le peuple ayant perdu la notion du bien,
La licence fut grande, on ne respecta rien ;
Le pillage semblait un droit de la conquête,
Ravager un palais était un jour de fête !
Où sont les objets d'art et les portraits d'aïeux
Dont leurs fils conservaient le souvenir pieux ?
On en a retrouvé dans beaucoup de chaumières ;
Le vertige du mal éteignait les lumières !
C'est dans l'un de ces jours où tout semblait permis,
Par un adroit filou que le vol fut commis :
Pour quelques pièces d'or l'horloge fut vendue
Et pendant bien des mois la trace en est perdue !

Après les jours de deuil, quand Thermidor vainqueur
Demandait le concours de tous les gens de cœur,
De la sécurité quand on vit poindre l'ère,
Sous un pouvoir nouveau qui semblait tutélaire
La France respira ! — Par l'horreur et l'effroi
Les magasins fermés après la mort du Roi,
Étaient heureux d'ouvrir leur porte longtemps close ;
Vivre sans crainte était une si bonne chose !

Sans même se connaître on se serrait la main,
Sûr qu'on était alors de voir le lendemain !
Mon aïeul, voulant faire un présent à sa femme,
Aperçoit cette horloge!... aussitôt il s'enflamme
Et dès le même jour la pendule est à lui.
Ignorant qu'elle allait leur causer tant d'ennui,
Ma grand'mère survient, et regardant l'horloge
Voit son époux sourire, aussitôt l'interroge :
— « C'est pour toi », lui dit-il en lui baisant la main,
« Je n'ai pas oublié que ta fête est demain !
« N'est-ce pas aujourd'hui le vingt-quatre novembre?
« Dès ee soir la pendule habitera ta chambre ! »
Tout semblait pour le mieux tant que dura le jour ;
Mais le thème changea quand la nuit eut son tour.
Cette horloge a des sons bruyants de cathédrale ;
Dans le salon placée, ou mise dans la salle
Où l'on se réunit pour prendre ses repas,
En causant, en dînant, elle ne gêne pas.
Dans la chambre à coucher, la sonnerie éclate
Ainsi que le ferait la poudre ou le picrate ;
Pour dormir, ma grand'mère en vain toute la nuit
S'agite, en appelant le sommeil qui la fuit.
Elle ne dort pas, et dans sa longue insomnie
Voit la paix de ses nuits à tout jamais bannie.
Dès qu'elle est assoupie un carillon nouveau
A l'improviste vient lui briser le cerveau !
Il fallut dès l'aurore emporter la pendule !
Mon aïeul, sourd peut-être, ou d'esprit incrédule,

La fait placer chez lui : comme il n'en souffre pas,
Au réveil il se croit délivré d'embarras !…
Hélas !… il n'en est rien !… les chambres étaient proches.
Sommeil troublé dix fois ! suivi de longs reproches.
— « Fais-la mettre au grenier ! qu'on ne m'en parle plus ! »
Dit l'époux en riant, peut-être un peu confus.
La pendule de Boule aussitôt détrônée
Demeura vingt-quatre ans sous les toits confinée.
On n'en parlait jamais, n'en faisant aucun cas,
Et ma mère, à vingt ans, ne la connaissait pas.
Des splendeurs de la Cour, du palais de Versailles
Tomber dans un fouillis de caisses de ferrailles,
Vraiment c'était avoir le bizarre destin
D'un brillant colonel devenu sacristain !

Mon grand-père habitait dans la rue Angoulême
La moitié d'un hôtel, trente-six ans le même !
Il n'avait qu'un plaisir, mais un goût sans rival,
Ce moderne centaure à toute heure à cheval !
Connu de tout Paris pour ses talents hippiques,
Demeurant étranger aux affaires publiques,
Passant sa vie au Bois : en dehors des repas
Ou bien de la soirée, on ne le trouvait pas.
Une fois par semaine il invitait du monde :
Dîner sans apparat dans lequel tout abonde.
Au salon, comme à table, on parlait de chevaux,
Sujet brûlant qui prête aux aperçus nouveaux.
Un soir que par miracle on parlait d'autre chose,

Les bronzes, les tableaux, les arts furent en cause.
Mon aïeul très gaiement raconte à ses amis
L'embarras dans lequel une horloge l'a mis!
— « Un peu plus elle aurait brouillé notre ménage,
« Mais comme j'ai cédé, ce ne fut qu'un nuage »,
A sa femme dit-il, d'un air tendre et moqueur,
« Un caprice n'est rien quand on est sûr du cœur ! »
— « Il faudra nous montrer cette belle pendule ! »
Dit un railleur sceptique à plaisir incrédule.
— « Après dîner, jeudi, je vous la ferai voir.
« On fera sa toilette ! il est trop tard ce soir !
« Depuis plus de vingt ans je ne l'ai pas revue,
« Et sa rentrée ici ne peut être imprévue !»


Le lendemain matin on courut au grenier :
La pendule gisait sur un vieux cartonnier !
Sous une couverture un serviteur fidèle
L'avait enveloppée, ayant eu pitié d'elle !
Les ors étaient noircis, pas un bronze égaré.
Tout, sauf le mouvement, fut bientôt réparé.
Huit jours après l'horloge était remise en place,
Au milieu du panneau se mirant dans la glace !
Le socle était encor sur le mur accroché ;
Le buste d'Hippocrate y demeurait juché !
On le fit disparaître en plaçant la pendule :
— « Elle est superbe ! vrai ! j'eus tort d'être incrédule ! »
Dit l'ami, « le sujet est riche et bien traité. »
— « J'aurais dû la garder muette en sa beauté ! »

Murmura mon aïeule à son succès gagnée,
Aux regrets de l'avoir si longtemps dédaignée !
Ce ne fut qu'un éclair ! — « J'en conviens, j'avais tort !
« Chez nous elle a failli mettre le désaccord,
« Aussi je n'en veux plus ! et je l'offre à ma fille ;
« L'horloge deviendra souvenir de famille !
« Qu'on ne la change pas ! surtout je le défends !
« Et je veux qu'elle passe à mes petits-enfants ! »
O toi ! par qui je fus quatorze ans adorée,
Toi que j'aimais de même, et que j'ai tant pleurée...
L'horloge que jadis tu renvoyais au loin
Est à moi, qui la garde avec un tendre soin !
Ce que tu désirais n'est plus une chimère,
Ton vœu s'est accompli, douce et bonne grand'mère !

Pour nous c'est très heureux que l'horloge au grenier
Jadis ait été mise avec le charbonnier !
L'oublier n'était rien ! on pouvait faire pire !
Peut-être la changer pour un modèle Empire,
Un guerrier tout flambant, ou peut-être un Romain
A grand casque et tenant un lourd cheval en main !
Sujets de mauvais goût, d'étrange fantaisie
Et surtout dépourvus d'art et de poésie !
Le style Louis quinze eut un long point d'arrêt ;
Comme on n'en voyait plus, alors on ignorait
Que cinquante ans plus tard il serait à la mode !
L'affreux goût de l'Empire en était l'antipode !
Au chef-d'œuvre de Boule il valait mieux l'oubli

Dans lequel il resta longtemps enseveli !
Comme un cher souvenir j'aime ma belle horloge,
Trop longtemps je m'arrête à faire son éloge !...
J'écris pour oublier, il faut à mon chagrin
Le doux et cher loisir qui seul y met un frein !
Aussi j'ai de la peine à quitter l'écritoire !...
Mais il est plus que temps de finir mon histoire.
La pendule en province alors a demeuré,
C'est là pendant douze ans que son timbre a vibré ;
Puis elle fut ensuite à Paris ramenée
Et vint au Moulinet. Bizarre destinée !
L'horloge et le salon, tous deux faits pour le Roi,
Après cent cinquante ans sont réunis chez moi :
D'habile allégorie intéressant modèle,
La pendule ici trouve un salon digne d'elle !
Boule auprès de Boucher, chacun maître en son art,
Aux éloges le peintre et le sculpteur ont part.
Celui dont le talent orna panneaux et glaces
Sans doute est connu, mais n'a pas laissé de traces :
La vaste cheminée attire encor les yeux
Sur l'œuvre d'un artiste aimé de nos aïeux,
Des chenets que l'on dit ciselés par Gouthière ;
Même d'un inconnu leur beauté reste entière.
D'élégants camaïeux dans des cadres sculptés
Nous offrent les saisons ; des hivers, des étés,
Où dansent des bergers, des bergères accortes ;
On en voit au-dessus des glaces et des portes.
Sept d'un ton bleu lapis respectés par le temps

Où l'automne figure en face du printemps.
Un meuble en bois sculpté dont la teinte jaunie
Semble l'effet du temps complète l'harmonie.

Seize balcons fleuris d'un beau style ouvragé
Remontant loin déjà sont tous en fer forgé.
Des fenêtres ce sont les antiques parures ;
Seul le rez-de-chaussée est orné de ferrures.
Par huit larges degrés on monte le perron :
L' *LL* double qu'on y voit en forme de fleuron,
Ce chiffre fait songer à l'ombre qu'il évoque.
Le travail du balcon est de la bonne époque,
Il est garni de fleurs pour égayer les yeux.
Est-il rien de plus beau que les fleurs et les cieux ?
Le fer comme la pierre offrent ces *LL* royales
Du vieux Sèvres la marque unique et sans rivales !
Le chiffre de Louis parle encor du passé,
Les injures du temps ne l'ont pas effacé :
En sortant du salon la vue est si jolie
Qu'à regarder au loin bien souvent je m'oublie ;
Jeux d'ombre et de clarté que répand le soleil
Aux jours de la moisson, quand tout semble vermeil !

Orné de simples fleurs aisément obtenues
Le castel est assis entre deux avenues.
Dans l'une au long du parc coulent de gais ruisseaux,
Le feuillage au-dessus forme de verts arceaux.
Le railway seul manquait !... On le construit en face ;

A quatre ou cinq cents pas devant nous le train passe,
La gare aux environs semble placée exprès !
Je l'eusse mise là ! ni trop loin, ni trop près !
De Garancière-gare à ma chère demeure,
Même en allant à pied, il faut moins d'un quart d'heure.
Je rejoins au plus tôt mon petit Moulinet :
En parler me plaît trop pour mettre le signet !
L'architecte encadra dans des brisis d'ardoises
Les fenêtres du haut, qui ne sont pas bourgeoises,
Car on les copia sur celles de Saint-Cyr.
A donner du cachet tout devait réussir !
Du côté du midi se voit une statue,
Beauté qu'un dauphin porte assise et peu vêtue,
Sur la vasque au-dessous *Friget Venus* se lit,
Fin d'un vers de Térence, à ce que l'on m'a dit :

> *Sine cerere et Libero friget Venus.*

Depuis j'ai lu l'*Eunuque* et compris la pensée :
Sans le pain et le vin la déesse est glacée !
Le Roi venant ici retrouver ses amours,
Ces deux mots en disaient plus que de longs discours !


Trente et quelques arpents composent le domaine ;
Autour s'étend la vue, et quand on se promène
On découvre toujours de charmants horizons ;
Le railway, des clochers, des châteaux, des maisons.
Dans la grande avenue est une belle source,
Un trésor que ne peut donner aucune bourse !

LE MOULINET

Trois fois dans un bassin le ru tombe de haut,
La cascade jaillit, lance un joyeux écho
Et reprend vivement sa course échevelée,
Arrive à la rivière et s'y jette affolée !
Sous mes fenêtres l'eau coule de trois côtés,
Abondante toujours par les plus chauds étés.
Elle arrive au bassin à l'abri des vieux saules,
Qui rident son miroir en y trempant leurs gaules.
Que je me plais ici ! J'aime à voir l'eau courir,
Les gazons s'émailler, et les roses fleurir !
Doux repos pour les yeux que la jeune verdure,
Mais quels affreux dégâts causés par la froidure,
Dans ce terrible hiver qui gela mes lauriers (1891),
Les tamaris en haie et mes plus beaux rosiers !
Aussi la frondaison est grêle et clairsemée
Et le ciel se fait jour à travers la ramée.


Le matin, je m'en vais dans le bois du ruisseau ;
Sans même être poète on songe au bord de l'eau !
Son cours n'offre-t-il pas l'image de la vie ?
L'âme s'y laisse prendre, elle en est poursuivie...
Après cette envolée au rivage inconnu,
Tristement au réveil mon cœur s'est souvenu...
Et je m'efforce alors de parler d'autre chose ;
De rêves et d'oubli la douleur se compose !
Quand on revient à soi, c'est un déchirement

Dont souvent on a peine à vaincre le tourment.
Je voudrais oublier... le ciel me vienne en aide,
Qu'il éloigne de moi le chagrin qui m'obsède...
Je retourne au ruisseau qui vient de m'attarder,
Et j'écris... mal nerveux auquel il faut céder!...
Au bout du parc le sol est plein de sourcinages,
J'y faisais bien souvent de longs pèlerinages :
En creusant j'espérais trouver la nappe d'eau,
Je voulais me distraire et créer du nouveau.
Il fallait de l'aplomb, de la persévérance;
Du succès on eût dit que j'avais l'assurance :
Ayant foi dans mon rêve il s'est réalisé.
Le difficile atteint, le reste fut aisé!
Entre le sol et l'eau se trouvent des carrières,
Il fallut enlever des charrettes de pierres.
De deux grottes l'eau sort, elle forme un ruisseau;
Les branches au-dessus se courbent en berceau.
Cristalla! c'est le nom né de ma fantaisie,
Il prête à ma fontaine un peu de poésie :
Depuis longtemps cette eau serpente au Moulinet,
J'avais pensé d'abord à lui faire un sonnet :
Quatorze vers! c'est court! du moins dans une épître
On est plus à son aise, on a son libre arbitre.
Ces vers bons ou mauvais sont à peine achevés,
Au fond de mon tiroir je les ai retrouvés.
Cette épître à ma source a vingt ans d'existence,
Mais comme elle me semble être de circonstance,
Je la glisse au milieu de mes descriptions;

J'aime à vivre en pensée au sein des fictions.
Dans des loisirs si doux mon cœur se réfugie,
Et le chagrin s'apaise à leur douce magie !


## ÉPITRE A CRISTALLA.


Cristalla, ma fontaine, au travers des buissons
J'aime ton eau limpide et tes joyeux frissons.
Nymphe ! qui que tu sois, naïade ou sœur d'Ondine,
Je me plais aux accents de l'onde cristalline.
Tu tombes du rocher, la clarté que tu vois,
Cristalla ! c'est la vie, à mes soins tu la dois !
Jadis tu te glissais dans les marnes profondes,
Maintenant au soleil tu déroules tes ondes :
Ma main a soulevé ton voile de roseaux,
Sur ton urne penchée et contemplant tes eaux
Ce matin je t'ai vue au bord de la prairie,
Tes ondes s'égaraient dans la plaine fleurie.
Irisés par l'éclat d'un soleil lumineux
Tes méandres coquets envoyaient mille feux.
Comme prenant plaisir à ton gentil murmure,
Un vieux saule y baignait sa tremblante ramure ;
Plus loin tu vas te perdre à l'ombre des grands bois ;
Invisible à mes yeux, j'entends encor ta voix.

Nymphe de mes bosquets, Cristalla ma conquête,
Je t'avais annoncée, et je fus bon prophète :
Cependant, à quoi bon ?... j'avais déjà tant d'eau !
C'est pour le Moulinet un agrément nouveau !
Et puis j'ai deviné la pauvre solitaire
Qui cherchait vainement son chemin sous la terre.
Elle est deux fois ma chose, elle m'a dû le jour
Et m'offre sa fraîcheur et son onde en retour !
Près de ses bords charmants, que d'heures j'ai passées !
Elle sait m'arracher à mes tristes pensées...
Cependant un regret se glisse dans mon cœur :
Ma mère l'eût trouvée avec tant de bonheur !
Mais pour la découvrir il fallait de l'audace,
Nul souci des railleurs et mon vouloir tenace !
Bien souvent l'on m'a dit : « Vous ne trouverez rien ! »
La foi dans une idée est le meilleur soutien !
J'ai lutté, j'ai cherché, je gardais l'espérance
Même quand on riait de ma persévérance !
Des pierres, de la glaise, à peine un filet d'eau
Qui ne paraissait pas vouloir faire un ruisseau !
Puis on creuse la grotte, et l'ondine captive
A son mauvais génie échappe en fugitive ;
Et déroulant son onde avec rapidité
Elle court sur le sable, ivre de liberté !
La jeune vagabonde étalant sa ceinture
Aux cailloux du ruisseau conte son aventure.
La Mauldre la reçoit et, poursuivant son cours,
Se jette dans la Seine, après de longs détours.

Cristalla ! maintenant tu parais sur ma table,
Ton eau légère et pure est vraiment délectable ;
Je force l'incrédule à te boire avec moi,
Afin de le punir d'avoir manqué de foi !

1880.


# RÊVERIE.


Il est doux d'évoquer son heureuse jeunesse,
Et qu'en songe un instant du moins elle renaisse !
Ne jouant presque pas, lisant avec ferveur,
On s'amusait un peu de mon esprit rêveur.
Les contes de Perrault, des pages d'écriture
Composaient mon travail et ma littérature.
Je ne sais quel démon dans mon cœur s'agitait,
Je n'étais plus la même, en moi tout fermentait !
Ces merveilleux récits m'avaient électrisée !
J'y croyais ! rien alors ne m'eût désabusée !
La féerie !... ah ! quel monde enchanteur et nouveau !
Comme un rêve il passait dans mon jeune cerveau,
Ignorant jusqu'aux noms de vers comme de prose.
A dix ans je rimais !... c'était de la névrose !
— « Vois donc cela, maman ! à chaque ligne un mot
« Dont le son se répète, et qui semble un écho ! »
Mon âme fut dès lors à la Muse asservie ;

Et malgré moi souvent elle m'a poursuivie !...
De la métempsycose admettant l'inventeur,
J'ai dû vivre autrefois dans un oiseau chanteur.
Pour moi la rime offrait un véritable charme,
Tyrannique Mentor qui rarement désarme !
Bien souvent elle échappe ! il faut courir après !
L'esprit cherche et s'amuse à ce jeu plein d'attraits.
C'était chez une enfant un idéal étrange,
Penchant que l'âge accroît et qui jamais ne change !
Bien que ne sentant plus mon juvénile essor,
Parfois à mon appel il se réveille encor !
Donner à ses pensers l'allure poétique
Est un plaisir souvent raillé par la critique ;
Si j'ai gardé le goût d'écrire et de rêver,
Des maux de la vieillesse il sait me préserver...
En Suisse il me sauva pendant la guerre affreuse
Où notre destinée était si rigoureuse !
Malgré bien des chagrins ce don fut mon appui ;
J'ai souffert et pleuré sans connaître l'ennui :
Qui ne fait pas de vers en ignore la joie !
C'est comme un feu subtil auquel on est en proie ;
Dans l'idéal choisi s'oubliant à songer,
A mille vanités on demeure étranger.
La vie intérieure est une douce flamme,
Elle éclaire l'esprit et pénètre notre âme.
Dans le cher souvenir de mon lointain passé
Mon cœur endolori s'est doucement bercé !
On va bien vite alors qu'on voyage en idée !

La pensée est sans frein et vole débridée.
Après de longs circuits je rentre au Moulinet;
Il est temps d'oublier ce qui m'en détournait.
Toute ma vie est là!... qui fut longtemps heureuse,
Et que la mort a faite amère et douloureuse!
Ah! que j'ai payé cher tous mes bonheurs passés!
Que de vides cruels que rien n'a remplacés!!
Vivre longtemps prépare une vieillesse triste,
Mais souffrir vaut encor mieux que d'être égoïste.

C'est vers soixante-quinze : alors j'avais un chien
Qui fut pendant longtemps mon fidèle gardien.
Quittant le Moulinet les yeux remplis de larmes,
A dire mon chagrin je trouvais quelques charmes...
Assis auprès de moi le front sur mes genoux,
Médor levait des yeux aussi tristes que doux!
Seul chien que j'aie aimé!... je n'ai pu me défendre
De voir un cœur d'ami dans ce regard si tendre!....


## ADIEUX A MON CHIEN.


Adieu, mon bon Médor, garde bien la maison :
Que mon logis désert soit ton seul horizon!
Aboie au moindre bruit! debout! prête l'oreille!
Préviens les jardiniers! que ton cri les réveille!

Près du seuil délaissé de mon gentil manoir,
En gardien attentif veille quand il fait noir !
Et si quelque fantôme erre dans les prairies,
Crois-le bien, ce n'est pas l'amour des rêveries
Ou le goût des jardins qui l'amène si tard !
Prends garde aux nuits sans lune et surtout au brouillard !
Voilà tes ennemis ! je veux dire les nôtres :
Tu n'es pas, pauvre bête, un chien comme les autres :
Dans ton œil expressif luit je ne sais quel feu…
Si tu n'as pas une âme, il s'en faut de bien peu !
Tu comprends la parole et même la pensée :
Un soupir a gonflé ta poitrine oppressée,
Un triste et long regard révèle ton ennui !
Dors pendant la journée, et veille bien la nuit !
Prends soin du vieux castel qu'à regret j'abandonne.
Veille ! mais sois prudent, ne dévore personne !
Ce n'est pas nécessaire, et c'est toujours fatal !
Crois-moi, l'excès du bien peut nous conduire au mal !
Il ne manque à Médor, dit-on que la parole :
Que de gens feraient bien d'être de son école,
Qui dissertent sur tout et qui ne savent rien !
Mieux vaut l'humble et discrète éloquence du chien !

Je n'aime pas sa race autant que je l'estime !
De sa fidélité parfois il est victime ;
Mais lui je l'apprécie, et j'aime sa laideur,
Cet œil intelligent qui dépiste un rôdeur,
Et jusqu'à ce poil roux dont la teinte assombrie

Semble un bouquet de blé jeté dans la prairie.
Sur le gazon souvent on le croit endormi,
Tout à coup il tressaille et rêve un ennemi :
Le regard plein de flamme en deux bonds il s'élance...
D'un imprudent tout prêt à punir l'insolence!...
Il s'arrête soudain... son œil inquisiteur
A demi se referme en voyant le facteur,
L'hôte à qui tout le monde offre la bienvenue;
D'un air digne Médor redescend l'avenue.
Il se promène en chien qui défie un assaut,
Et se fait respecter en sachant ce qu'il vaut!...
Mais j'ai tort de railler mon cerbère fidèle,
Son indiscrète ardeur vient d'un excès de zèle!
Hélas! tout est changé dans le pauvre manoir :
On n'y rencontre plus que des femmes en noir!
Mon joli Moulinet plein de fleurs et de charmes
A vu depuis trois ans répandre bien des larmes!
Ce séjour où ma vie a doucement coulé
Sous les crêpes du deuil est désormais voilé!
A mon foyer désert quand je suis revenue,
Osant à peine entrer... quand seule tu m'as vue,
Médor, tu regardais... cherchant avec effroi
Celui que tu voyais toujours auprès de moi...
Tes grands yeux alanguis me demandaient ton maître,
En me voyant pleurer tu comprenais peut-être...
Tu frottais contre moi ton front triste, obscurci,
Ton humide regard semblait pleurer aussi...
Moi qui n'avais jamais mis la main sur ta tête,

Depuis je te caresse et t'aime, ô pauvre bête!...

Novembre 1878.


Mes adieux à Médor, l'Epître à Cristalla
Me parlaient d'autrefois, il faut en rester là !
Je rentre au Moulinet; je me suis attardée
Vers les vieux souvenirs où mon cœur m'a guidée.


La seconde avenue au village conduit :
On descend une côte et, faisant un circuit,
On arrive au chemin qui mène sur la place.
Dans les bourgs, maintenant, c'est là que tout se passe.
La mairie est au fond et se présente bien.
L'école des garçons touche au mur mitoyen,
L'institutrice à gauche avec les jeunes filles,
L'espoir de l'avenir et des futurs quadrilles;
A Garancière on danse et l'hiver et l'été,
Surtout quand la vendange excite la gaîté.
Le marché sur la place a lieu chaque semaine
Des légumes, des fruits que la saison amène.
Plus loin la vieille église où le prêtre bénit,
Le cimetière auprès... c'est là que tout finit.

Juillet 1891.

## ADIEUX AU MOULINET.

Octobre laisse enfuir l'alouette frileuse,
L'arbre voit son feuillage envahir le gazon :
La brume se répand, sa teinte nébuleuse
Semble jeter un voile autour de l'horizon !

L'hiver me fait partir comme les hirondelles ;
J'ai peur de la froidure, et je crains les autans...
De ces charmants oiseaux, ah ! que n'ai-je les ailes...
Tempé ! j'irais chercher ton éternel printemps !

Hélas ! il faut quitter cette douce retraite
Qui jadis abrita de royales amours...
Dans ce nid parfumé qu'épargna la tempête,
D'avril à la Toussaint, que les étés sont courts !

Dans les champs moissonnés, comme dans les prairies,
Au murmure plaintif du vent dans les bouleaux,
J'aimais à promener mes longues rêveries,
En suivant du regard les méandres des eaux.

Tout est sombre aujourd'hui, les bois et la campagne ;
Je songe à l'avenir, aux destins inconnus...
A l'heure des adieux la tristesse me gagne :
Tous ceux qui sont partis ne sont pas revenus !

# LES PLAISIRS DU FOYER

POÉSIES DE MA JEUNESSE

## A LA MUSE

Après plus de douze ans passés dans le silence,
Muse ! tu me reviens, et vers toi je m'élance !
Je ne t'oubliais pas : mon infidélité
Venait d'un cher devoir avec joie accepté !
Tout ce qui rend la vie et plus douce et plus chère
Avait charmé mon cœur : j'étais épouse et mère.
Alors je n'étais plus maîtresse de mon temps
Et je t'abandonnai pour mes jeunes enfants.
Tout ce qu'on fait pour eux n'offre rien d'impossible ;
On découvre en soi-même une force invincible.
Je dus à ces doux soins consacrer mes loisirs,
J'y trouvai quelque peine et de bien doux plaisirs :
Quel ineffable amour avait rempli mon âme !
Dieu même à son foyer en alluma la flamme.
Sentiment doux et pur, sainte maternité,

Tu transportes le cœur dans un monde enchanté,
Tu donnes à la vie un espoir pathétique,
Tout s'anime par toi d'un charme poétique,
Tu doubles l'existence et ta douce saison
De son rayonnement éclaire l'horizon.
Le souvenir lointain de cette chaste ivresse
Est le dernier bonheur qui reste à la vieillesse,
Quand la mort nous frappa de ses cruels assauts!...

. . . . . . . . . . . . . . . . . . . . . . . . .

. . . . . . . . . . . . . . . . . . . . . . . . .

Mes filles, en veillant auprès de vos berceaux,
Mon cœur chantait pour lui sans vouloir d'interprète;
Si je n'écrivais pas j'étais toujours poète.
Les soins et les bonheurs de la maternité
Ont rempli mon printemps et presque mon été.
Maintenant je reviens au loisir qui m'amuse,
Malgré moi je tressaille en écoutant la Muse!
Alors me voyant libre elle me poursuivait,
Ce qu'elle a commencé mon désir l'achevait;
Je n'ai pu résister à cet appel si tendre!
Qu'un esprit plus solide essaie à s'en défendre;
Moi je cède sans peine au plaisir de rimer,
A ce charme infini qu'on ne peut exprimer!
Il faut bien l'avouer, le démon poétique
Entre tous les tyrans est le plus despotique...
Je ne sais quel rayon dans ma cervelle a lui,
Sur les ailes du rêve il m'emporte avec lui!
Il me faut accepter cette invincible chaîne

Et suivre doucement le penchant qui m'entraîne.
Quel passe-temps choisi de moduler sa voix,
D'assouplir sa pensée aux poétiques lois!
De trouver l'hémistiche et de chercher la rime;
L'esprit, en écrivant, se réveille et s'anime;
L'inspiration vient!... et nul autre loisir
Ne peut se comparer à ce charmant plaisir!
Lorsque je viens m'asseoir auprès de ma fenêtre,
Ayant autour de moi ce qui fait le bien-être,
Mes livres, mes tableaux, de jolis objets d'art,
Le vieux sèvres, le saxe assemblés au hasard,
Ces buires, ces émaux, trésors dont je m'inonde,
Et dont le choix demande une étude profonde!
Quel plaisir de rêver, de laisser mon esprit
Suivre le fil léger que mon regard poursuit...
Que j'aime à contempler le ciel et la verdure,
Les méandres fleuris du ruisseau qui murmure,
Et ce travail des champs dont le rude labeur
Donne le pain du jour à l'actif laboureur.
Plus loin dans la vallée on voit le presbytère,
L'asile respecté d'une existence austère:
Le vénérable prêtre achève son chemin,
Pensif et recueilli, son missel à la main.
De toutes les vertus l'apôtre et le modèle,
Du mourant isolé l'ami sûr et fidèle!
Le cœur ferme, vaillant, plein de sa mission,
Ce qu'il dit quand il prêche est rempli d'onction.

J'entends dans le lointain le triste son des cloches,
Dont le funèbre écho va mourir sur les roches.
L'ouragan fait voler les feuilles dans les airs,
Et les voix de l'automne achèvent leurs concerts.
Le vent est parfumé d'effluves magnétiques,
La terre se revêt de teintes poétiques,
Dans les bois sous les pieds l'or se mêle au corail ;
Octobre alors commence un lugubre travail !
Son deuil jette dans l'âme une vague tristesse.
Notre existence fuit avec tant de vitesse !...
Parfois l'automne est doux : son horizon brumeux
Plaît aux esprits rêveurs ; quand je le suis des yeux,
Le songe dans lequel longtemps je m'extasie
M'apprend qu'il est en moi des flots de poésie !
La voix de l'idéal s'éveille dans mon cœur,
Je sens dans ma pensée un souffle créateur ;
Mon âme tout entière aspire à se répandre,
Et j'éprouve un émoi que j'ai peine à comprendre.
Mon esprit, inondé d'une étrange clarté,
Dans les champs de l'espace est soudain transporté ;
Je rêve alors, je chante et je me sens poète.
O Muse, il faut, hélas ! t'avouer ma défaite !
Je reviens t'implorer, ne me repousse pas :
Daigne inspirer ma voix ; je te dirai tout bas
De mon heureux foyer les bonheurs et les charmes,
Ce que mon existence eut de joie et de larmes !
Je cède à ton pouvoir, inspire mes accents.
O Muse ! c'est à toi que j'adresse mes chants,

Je te raconterai l'enfance de mes filles,
Les leçons, en causant, prises sous les charmilles,
Les soins de mon époux, sa touchante bonté,
Son aimable entretien, son esprit, sa gaîté,
Ses vertus, ses talents, son noble caractère,
Et ce charme infini que jamais rien n'altère !
De même je dirai mes craintes, mes espoirs,
La poésie inspire et comprend les devoirs :
Mais aussi vers le ciel que mon âme s'élève
Et qu'en un chant d'amour ma prière s'achève
Pour bénir le Seigneur des biens qu'il m'a donnés,
Et des paisibles jours qu'il m'avait destinés !
C'est dans ton sein discret, ô Déité chérie,
Que j'épanche mon cœur, que je chante et je prie.
Va, laisse-moi jouir du tranquille bonheur
Que j'ai toujours trouvé dans un si doux labeur !
Si la nécessité me réclamait encore,
Il faudrait t'oublier pour des soins que j'ignore !
Je ne m'appartiens pas ! et puis viendra le temps
Où j'aurai le souci de mes petits-enfants...
Ils viendront à leur tour t'écarter de ma route ;
Auprès de leurs berceaux je veillerai sans doute.
Je m'en émeus d'avance, ô Muse, et je prévois
Que ces tyrans chéris me dicteront des lois ;
Ils sauront me prouver (je ne m'en défends guère !)
Que pour les amuser Dieu créa leur grand'mère,
Qu'un seul de leurs baisers vaut tout ce que j'écris,
Et je sens que mon cœur sera de cet avis !

Octobre 1851.

# L'IDÉAL ET LA RÉALITÉ

Tu veux être infidèle et m'ôter mon ivresse,
Rien ne suspend ton vol, âge heureux et béni !
Comme un rêve j'ai vu s'enfuir l'enchanteresse.
Je la rappelle en vain... mais son onde se presse
　　　Vers l'océan de l'Infini !

Elle a fui sans retour la brillante chimère
Qui berça mon printemps de son rêve moqueur !
Doux songes envolés, espérance éphémère,
Qui ne laissez en moi qu'une pensée amère,
　　　Pourquoi prendre ainsi tout mon cœur ?

Comme Pygmalion, dans son ardeur brûlante,
Voulait donner la vie au marbre inanimé,
Moi je voulais aussi, dans ma jeunesse ardente,
Donner à la nature une âme qui ressente
　　　Le feu dont j'étais consumé !

Il me semblait alors qu'elle éprouvait ma flamme,
Et que pour me répondre elle avait une voix,
Pour comprendre la mienne elle avait pris une âme ;
Je l'aimais dans les flots que sillonne la rame,
　　　Dans le chant de l'oiseau des bois !

Poète, j'évoquais sa plus riante image,
L'idéal me prêta ses douces visions…
Puis tout s'évanouit; lorsque le temps et l'âge
Pesèrent sur mon front, tout changea de langage.
    Je perdis mes illusions !

Le jeune homme léger, dans sa folle assurance,
S'élançant dans la vie y cherchant le plaisir,
Emporté vers les cieux bercé par l'espérance,
N'a pas vu de dangers, ne voit pas de souffrance
    Qui puisse entraver son désir !

Rien n'apportait d'obstacle à son heureux voyage;
La foule se pressait pour entourer son char,
L'amour et ses bonheurs l'attendaient au passage,
La gloire lui semblait ne pas cacher d'orage
    Que ne pût braver son regard !

Mais il vit en chemin fuir la foule perfide :
Ils avaient disparu tous ces flatteurs d'un jour !
L'heure de son triomphe avait passé rapide !
Le doute l'envahit !… à ce terrible guide,
    Il s'abandonna sans retour !

Et de vulgaires fronts furent ceints de couronne.
L'amour trahi ramène à la réalité,
La douleur m'a vieilli longtemps avant l'automne.
Que ne puis-je oublier quand l'espoir m'abandonne,
    Quand mon cœur est désenchanté…

Mais l'amitié restait, qui consola ma vie
Des orgueilleux dédains de ces nobles de Cour
Et redonna l'essor à mon âme asservie
Par les déceptions, par la haine et l'envie,
     Par de profonds chagrins d'amour !

Ton charme, ô poésie, a calmé ma souffrance,
Tu vins à mon secours dans mes heures d'ennui,
Toi seule aux cœurs brisés peux rendre l'espérance.
Le travail adoucit les chagrins, — et l'absence
     Est moins douloureuse par lui !

Imité de Schiller

# LA DERNIÈRE ROSE

Dernière rose de l'été,
Hélas ! tu fleuris solitaire !
Tes sœurs ont perdu leur beauté,
Leurs feuilles ont jonché la terre,
Nul bouton ne doit plus fleurir.
Tes compagnes se sont fanées ;
Comme elles tu vas te flétrir
Au vent qui les a moissonnées !

Mais non, je ne laisserai pas
Se faner tes feuilles si belles !
Tes sœurs redoutaient les frimas,
Il faut t'endormir avec elles !
Je veux disperser tes débris
Sur la couche froide et glacée
Que couronne l'horizon gris
Lorsque ta saison est passée !

Et moi, j'ai poursuivi longtemps
Les doux rêves de mon enfance ;
Mais, hélas ! quand fuit le printemps
Alors s'envole l'espérance !
Qui voudrait vivre lorsqu'il perd
Le cœur qu'il aima sans partage ?
Pour moi ce monde est un désert
Où nul n'entend plus mon langage !

Imité de Th. Moore.

## DERNIER CHANT DU TASSE

Je vais bientôt mourir, je n'ai plus de courage !
Le souffle des tombeaux me couvre de pâleur !
Alphonse n'a pas craint de m'accabler d'outrage,
J'aimais, j'étais aimé, j'ai béni ma douleur !

Les pleurs que j'ai versés ont détendu ma lyre,
Pourtant je veux chanter une dernière fois !
Sourions au trépas, et que le ciel inspire
Les accents du pardon à ma mourante voix !

Hélas ! il m'en souvient... j'ai chanté pour la gloire ;
La perfide n'a pas accueilli mes efforts !
Et je meurs loin des miens !... A ma triste mémoire
Qui donnera les pleurs qu'on verse pour les morts ?

Je vécus ignoré, cependant trop célèbre !...
J'ai souffert si longtemps, j'ai cessé d'espérer...
Du moins je veux encor sur ma couche funèbre
Songer aux jours passés, peut-être les pleurer !...

J'ai connu l'existence ; elle fut bien amère :
Toujours persécuté, gémissant en prison,

J'appelais vainement et ma sœur et ma mère,
Et de moi tous disaient : « Il n'a plus sa raison.


« Folle témérité bien justement punie ! »
C'est ainsi qu'ils nommaient le rêve de mon cœur !
Ils ne comprenaient pas que j'avais du génie
Et qu'un tel don se paie aux dépens du bonheur !


Un jour je fus béni par l'amour d'une femme,
Mais un frère orgueilleux lui commanda l'oubli :
Ils ont par leurs dédains voulu blesser mon âme,
J'ai relevé la tête, alors ils ont pâli !


Car malgré leurs dédains ils me rendront justice,
Sans pouvoir effacer leur indigne action !
J'illustrai dans mes vers celui dont le caprice
Tortura sans pitié le chantre de Sion !


Je meurs en oubliant que je fus leur victime,
L'avenir vengera mon douloureux passé :
On nous plaindra tous deux ! t'aimer... c'était un crime !
Léonor, ton orgueil n'en fut pas offensé !...


Je ne dois plus te voir, et malgré mon délire
Ce cœur qui t'aima tant cherche à se ranimer ;
Serait-ce vainement que j'ai brisé ma lyre ?...
Léonor, je ne puis renoncer à t'aimer !

Le poète expirant s'agite sur sa couche,
Dans un murmure un nom s'achève en un soupir...
Sa main quitte le Christ appuyé sur sa bouche,
Et puis tout fut silence : il venait de mourir !

Le lendemain au temple on porta le poète;
Les moines à genoux déploraient son malheur !
On lui donna peut-être une larme secrète...
Mais un front couronné doit cacher sa douleur !


## GULNARE A CONRAD.

### FRAGMENT DU *CORSAIRE*


Tu ne me connais pas, cependant ne crains rien,
Nous fuirons tous les deux, ton sort sera le mien !
Conrad, reconnais-moi ! tu m'as sauvé la vie
A l'heure où sans ton bras elle m'était ravie !
Les dangers, tu le vois, n'arrêtent point mes pas,
Et je viens t'arracher à l'horreur du trépas !
Ce que je sens pour toi, ce n'est pas de la haine ;
Je ne sais ce que c'est, mon cœur le sait à peine !...
Mais je veux te sauver !... Viens, il est temps de fuir !...
Non je ne pourrais pas, Conrad, te voir mourir !

Imité de Byron.

# LES ROSES DU BENDEMIR.

Au bord du Bendémir est un berceau de roses
Où le rossignol chante et la nuit et le jour ;
J'aimais, lorsque l'aurore annonçait son retour,
A m'asseoir près des fleurs que la nuit avait closes,
En écoutant l'oiseau qui chantait son amour !

Je n'ai pas oublié la terre où je suis née,
J'aime à me souvenir des chants de cet oiseau ;
Je vois encor les fleurs qui se baignent dans l'eau ;
Souvent je me demande, aux beaux jours de l'année :
Le doux chanteur des nuits charme-t-il le berceau ?

Après un seul matin les roses sont flétries,
Mais on en recueillait ces parfums pénétrants
Qui font illusion lorsque fuit le printemps :
Ils invitent notre âme aux douces rêveries ;
Senteurs et souvenirs sont parfois enivrants !

L'image du bonheur ne peut être effacée ;
Quand il fuit, la mémoire aime à la raffermir ;
Dans ce rêve attendri l'âme veut s'endormir.
Ce qui charma mes yeux charme encor ma pensée
Quand je songe au berceau des bords du Bendémir.

Imité de T. Moore.

4

## BOUTADE.

Hélas ! où trouver une femme
Qui puisse aimer sans décevoir !
Qu'on me la montre, et je m'enflamme.
Depuis que mon cœur la réclame
Je cherche en vain à l'entrevoir !

Où fleurit cette nonpareille ?
Fille du Ciel ou du hasard...
Que sa voix charme mon oreille !
Puissé-je de cette merveille
Obtenir un tendre regard !...

Si sa joue est rose et brillante,
Si la tendresse est dans son cœur
Et qu'à m'aimer elle consente,
Pour sauver la pauvre innocente
Nous fuirons un siècle moqueur !

Ce trésor est-il sur la terre ?...
Aux miracles moi je croirais...
A moins d'aller jusqu'à Cythère !
Mais là surtout je douterais...
Mieux vaut rester célibataire !

Imité de Moore.

## A UNE MÈRE

SUR LA MORT DE SON ENFANT.

Qu'un sommeil doux et calme endorme ta douleur,
Et que l'illusion t'apporte ses mensonges ;
L'ange que tu berçais s'endormit sur ton cœur ;
Dors, et ton pauvre enfant revivra dans tes songes !
D'un monde plein de trouble il a fui le séjour :
Sais-tu ce que le sort lui réservait d'orage ?
De la vie il n'aura connu que ton amour...
Et seule dans son cœur tu gravas ton image !
Donnez-un peu de calme à cet esprit troublé,
Mon Dieu ! vous qui voyez la douleur qui la guide !
Que l'espoir se réveille en ce cœur désolé,
Que le petit berceau ne soit pas longtemps vide !...


## ADIEUX A UNE AMIE.

Adieu, puisqu'il me faut partir ;
Mais que ton cœur jaloux, ne puisse jamais croire
Que l'absence et le temps brisent dans ma mémoire
Le charme de ton souvenir !

## RONDEAU.

Pour être aimé de la beauté qu'on aime,
Pas n'est besoin de savant stratagème ;
Quand amour vrai fait battre un noble cœur,
Il fait bientôt partager son ardeur.
Qui le nierait commettrait un blasphème !
Pour le goûter, ce sentiment suprême,
On oublierait jusqu'à son diadème ;
Le plus timide acquiert de la valeur
      Pour être aimé !

Un tendre amour affronte l'anathème,
Il trouble, il charme, en son ivresse extrême,
De tout chagrin c'est le consolateur,
Tout dévoûment le trouve à sa hauteur.
Un cœur épris risquerait la mort même,
      Pour être aimé !

## QUATRAIN.

Puisse l'heureux époux auquel tu t'es donnée
Éloigner de tes jours les chagrins et les pleurs,
Et que douce à porter ta chaîne d'hyménée
      Ne soit qu'une chaîne de fleurs !

# TIRCIS A CHLOÉ.

RONDEAU

Contre l'amour tu fais mainte satire,
En vain de lui tu te plais à médire,
Il faut cesser un combat inégal,
L'amour peut seul t'enseigner l'idéal !
Pourquoi le fuir quand ta beauté l'attire?
Charme inconnu caché dans un sourire,
Troubles du cœur, qui pourrait vous décrire?
Belle Chloé, cesse de parler mal
   Contre l'amour !

Tout l'univers reconnaît son empire,
Un cœur jaloux seul a pu le proscrire :
Ce roi du monde est encor sans rival !
Hôte charmant du foyer conjugal,
Ah ! ne crains rien ; vainement on conspire
   Contre l'amour !

## CHANT IMITE D'HORACE.

Enfant, ne cherche pas contre l'ordre des Dieux
A vouloir deviner le terme de ma vie.
Laisse tes froids calculs ! apprends qu'il vaut bien mieux
S'enivrer au festin où l'amour nous convie !

Que le sort me promette encor quelques moissons,
Ou que l'injuste Parque ait menacé ma tête,
Je veux, comme l'oiseau, redire mes chansons,
Sans demander au Ciel s'il cache une tempête !

Pourquoi s'inquiéter d'aller vers l'inconnu?
Eloigne de ton cœur une crainte frivole;
Pendant que tu gémis, le temps jaloux s'envole,
Et celui qu'on dérobe à l'amour est perdu !

## ODE A GROSPHUS.

Le repos est le bien auquel chacun aspire.
Les marins, effrayés par un nuage épais,
Craignent que les autans menacent leur navire
Et que le flot jaloux vienne en troubler la paix.

Le Thrace furieux, au sein de la mêlée,
Après de longs combats espère le repos :
Rien ne peut le donner à l'âme désolée,
Ni l'or, ni les festins, ni les joyeux propos !

Les trésors, les honneurs, l'ivresse de la gloire
Ne peuvent écarter de funestes soucis !
Souvenirs importuns gravés dans la mémoire,
Que l'absence et le temps n'ont jamais adoucis !

Quand de profonds chagrins ont troublé l'existence,
On cherche en vain l'oubli sous un autre soleil ;
La douleur ne connaît ni climat ni distance,
On la retrouve en songe, elle assiste au réveil !

Peut-on se fuir soi-même en fuyant sa patrie,
Aussi prompt que l'éclair le chagrin suit nos pas ;
N'espérant rien des Dieux, l'âme triste et flétrie
Pour goûter le repos implore le trépas !

Heureux est le mortel dont toute la science
Est de faire le bien jusqu'à ses derniers jours,
Qui s'endort dans la paix d'une humble conscience
Au foyer paternel, et près de ses amours !

Les rêves sont bannis de son sommeil tranquille,
L'injustice et l'effroi n'entrent pas dans son cœur ;

Sa maison est ouverte au proscrit sans asile,
Et sa main charitable est tendue au malheur !


Satisfaits du présent, aimons, chantons sans crainte.
L'avenir nous échappe, à quoi bon le chercher ?...
Ne portons pas aux Dieux notre inutile plainte,
Nos désirs insensés ne peuvent les toucher !


Nul bonheur n'est parfait ! Achille dans sa gloire
Meurt des mains de Pâris, d'une flèche, dit-on ;
D'Hécube et de Priam tu sais l'affreuse histoire,
Et comment la vieillesse a desséché Tithon ?


Peut-être que le sort m'offrira de lui-même
Ce dont tu poursuivis le succès incertain.
Nul ne peut commander à ce maître suprême,
Reçois sans les chercher les faveurs du destin !


J'aperçois dans tes champs tes fécondes génisses,
J'entends hennir au loin tes vigoureux chevaux ;
Tes celliers sont remplis, les Dieux te sont propices,
Et sans les envier j'admire tes troupeaux !


Moi j'ai reçu du Ciel mon vallon de Sabine
Et mon champ de Tibur où mûrit mon raisin,
Un rayon de génie, — étincelle divine,
Que Jupiter lui-même alluma dans mon sein !

# LE DEVOIR.

Au milieu des écueils reconnaître sa route,
Fuir avec même ardeur le mensonge et le doute,
Ne jamais composer avec la vérité,
Observer avec soin les lois de l'équité,
Tenir d'une main ferme une juste balance
Entre le rigorisme et l'extrême indulgence,
Bienveillant pour chacun, et sévère pour soi,
Prendre sa conscience et pour guide et pour loi,
Unir partout l'honneur à la délicatesse,
Repousser sans pitié toute indigne faiblesse,
Agir sans passion — et, s'il le faut, savoir
Sacrifier ses biens, sa vie, à son devoir :
Telle est d'un noble cœur la devise éternelle.
Heureux qui sait la prendre et lui rester fidèle !


# L'AMOUR.

Rester indifférent à toute la nature,
N'adorer le Seigneur que dans sa créature,
N'ayant qu'une pensée, un objet, un espoir,
Se quitter un moment, et courir se revoir,
Vivre de souvenirs, s'enivrer d'espérance,
Des malheurs d'ici-bas ne craindre que l'absence,
A la voix du devoir parfois... demeurer sourd,
Tel est l'aveuglement que l'on appelle amour !

## SIMPLE QUESTION A PROPOS D'UN PÉDANT.

Dans quel riant climat, sous quel ciel fortuné,
Sur quel rivage heureux ce Prodige est-il né?
Vit-il dans notre monde, a-t-il voix au Parnasse?
Sur les hauteurs du Pinde a-t-on marqué sa place?
Au lait qui le nourrit qui mêla du Nectar?
Quelle muse a pris soin de lui montrer son art?
A-t-il mouillé sa lèvre aux flots de Castalie,
Est-il né dans la Thrace ou dans la Thessalie?
L'Hymette pour lui seul a-t-il produit son miel,
Est-ce pour l'enivrer que fleurit le Carmel?
Quel miracle a marqué l'heure de sa naissance,
Par quels chefs-d'œuvre a-t-il imposé sa puissance?
Qui lui donna le jour? Est-il fils d'Apollon,
A-t-il été nourri dans le sacré Vallon?
Qu'a-t-il enfin de plus que le reste des hommes,
Et n'est-il pas mortel, ainsi que nous le sommes?
A quel destin sublime est-il donc réservé?
Vainement je le cherche et ne l'ai pas trouvé!
Les Dieux lui montrent-ils une aveugle tendresse,
At-il su captiver une jeune Déesse?
Jupiter créa-t-il pour lui quelqu'autre Ciel?
Est-ce un sylphe, est-ce un Dieu?... Non ce n'est qu'un
Pédant, dont la faconde à l'orgueil est unie,          [mortel
Et qui, modestement la prend pour du génie!...

# RÊVES ET RÉALITÉS.

TROIS SONNETS.

## I

### TIRCIS A CHLOÉ.

Quel sceptique endurci, déjà sur le retour,
Blasphème en l'ignorant ce trouble qui nous charme,
Ce rêve du printemps qui se nomme l'amour,
Ce bonheur inconnu caché dans une larme!

Douce histoire du cœur, tu l'apprendras un jour,
Vainement on résiste, on se trouve sans arme.
Crois-moi, la plus rebelle est soumise à son tour;
Abandonne la lutte, et reste sans alarme!

L'amour anime tout! c'est un rêve enchanteur,
Celui qui le condamne est un blasphémateur!
Le véritable amour ignore l'inconstance!

Puisqu'il faudra céder, ah! laisse-toi fléchir!...
Il faut aimer! l'amour est toute l'existence.
Ne crains rien, qui t'aima ne saurait te trahir!

## II

### CHLOÉ A TIRCIS.

Pourquoi m'abandonner à ma douleur amère,
Et pleurer sans espoir ton infidélité ?...
Tu berças dans mon cœur une douce chimère,
Ton oubli me ramène à la réalité !

Nulle au sein du bonheur ne le pense éphémère ;
Je croyais à l'amour, à son éternité...
Vagues projets du cœur, ivresse mensongère,
Il ne reste plus rien de ce rêve enchanté !

Nous nous sommes aimés, malgré ton inconstance.
N'as-tu pas regretté notre douce existence?...
Un incurable ennui vient-il blesser ton cœur?

S'il est vrai, dis un mot, que faut-il que je fasse?
Ordonne! j'obéis... j'implore mon vainqueur;
Il n'est pas de chagrin que ton retour n'efface!

## III

### TIRCIS A CHLOÉ.

Pourquoi me reprocher mon infidélité,
Et mêler à l'amour une exigence amère?
Comme l'oiseau le cœur aime la liberté,
Et qui veut le fixer nourrit une chimère !

Rien ne peut en ce monde avoir d'éternité !
On se plaît, on s'adore, on croit toujours se plaire,
Puis le rêve fait place à la réalité.
L'idéal n'a qu'un jour, tout songe est éphémère !

Après avoir aimé le cœur est languissant !
Mieux vaut se dire adieu quand l'amour est absent
Que vouloir se tromper en dépit de soi-même !

L'amour comme un enfant se plaît à badiner ;
Il dit en souriant : « Aimez-moi, je vous aime! »
Mais il fuit sans retour dès qu'on veut l'enchaîner !

# ROMÉO ET JULIETTE.

### ACTE III, SCÈNE V.

#### JULIETTE.

Déjà tu veux partir! Non, ce n'est pas l'aurore.
Reste quelques instants, le jour est loin encore!
La voix de cet oiseau qui trouble mon bonheur
A comme un glas mortel retenti dans mon cœur!
C'était le rossignol, ce n'est pas l'alouette
Dont les chants ont frappé ton oreille inquiète!
Crois-moi, mon Roméo, c'était l'oiseau des nuits;
De la jeune couveuse il charme les ennuis!

#### ROMÉO.

C'est l'alouette, hélas! qui chante avec l'aurore.
Vois ce pâle rayon dont le ciel se colore,
Vois ce nuage épais que le vent du matin
A pas précipités chasse dans le lointain.
La nuit au front sévère a replié ses voiles
Entraînant après elle un cortège d'étoiles;
Le jour paraît au loin, hélas! je dois partir,
Je dois partir et vivre, ou rester et mourir!

#### JULIETTE.

Il n'est pas temps encor, mon cœur m'eût avertie.
Vois ces reflets d'argent de la blonde Cynthie!

ROMÉO ET JULIETTE

Non, ce n'est pas le jour, qu'on voit à l'horizon,
C'est l'astre des bergers qui blanchit le gazon.
La lune t'offrira son flambeau tutélaire ;
Tu fuiras sans danger, puisque Phœbé t'éclaire !

ROMÉO.

Qu'on me surprenne ici, qu'on me livre au trépas,
Juliette le veut, je ne m'en plaindrai pas !
Je dirai comme toi, le jour est loin encore,
Ce rayon pâlissant n'annonce pas l'aurore.
Le chanteur du réveil dort toujours dans son nid.
O mort ! tu peux venir, Roméo te bénit,
Juliette le veut !

JULIETTE.

Cette lueur brutale
Du jour qui va renaître est l'annonce fatale !
Pars ! fuis ! il en est temps, c'est le jour, c'est le jour !
Qui menace à la fois ta vie et notre amour !
De l'oiseau du matin la note discordante
A jeté dans mon cœur le trouble et l'épouvante !
On disait que ses chants avaient tant de douceur,
Ils sont de nos chagrins le cruel précurseur !...
Du moins pour te punir, téméraire alouette,
Puisse l'aube demain te retrouver muette !
Et toi, jaloux soleil, tes rayons odieux
Viennent précipiter l'heure de nos adieux !
Détestable clarté du malheur coutumière !
Pars ! fuis ! chaque minute augmente la lumière !

ROMÉO.

Plus le jour va grandir sous les feux du matin,
Plus il assombrira mon funeste destin !


## ADIEUX D'UNE JEUNE MOURANTE.


Je vais vous quitter tous ! ma fille encore enfant,
Et mon bien-aimé fils... hélas ! mon cœur se fend !
Toi, mon époux chéri, dont la douce tendresse
Savait des moindres soins me faire une caresse !
La vie avait pour moi créé trop de bonheur,
Il faut payer sa dette à l'humaine douleur !
On me dit d'espérer, mais l'espoir m'abandonne,
La mort est implacable, et jamais ne pardonne !
Tu luttas avec elle, et fort de ton amour
Tu crois l'avoir domptée en l'éloignant d'un jour,
Cher époux !... c'est en vain !... mais elle est la plus forte !
Contre tous tes efforts sa puissance l'emporte !
Du tombeau qui m'attend je sens déjà le froid,
Le chagrin du départ en augmente l'effroi !
Ma fille ! à ton aspect la douleur me pénètre !
En ne me voyant plus tu m'oublieras peut-être ?
Je ne serai pour toi qu'un souvenir lointain
Que le temps chaque jour rendra plus incertain !...

La plus heureuse vie est par instants amère
Et rien dans nos chagrins ne remplace une mère!
Tu l'apprendras trop tôt! Ah! qu'il m'eût été doux
De former par mes soins tes sentiments, tes goûts;
D'éclairer ton esprit et d'agrandir ton âme!
Par ces leçons que Dieu met au cœur de la femme,
Et surtout d'une mère!... inutiles regrets!...
D'autres yeux que les miens en voyant tes progrès
Te diront quelques mots d'éloge ou d'espérance
D'un ton froid et distrait, rempli d'indifférence.
Aux mains d'une étrangère on remettra ton sort;
A peine dans la vie, et tu vas voir la mort!
Quel triste enseignement pour cet âge si tendre!
Sans doute il te faudra du temps pour le comprendre:
Ne plus jamais revoir celle qu'on aimait tant!
Cela semble impossible à l'âme de l'enfant!
Fatale vérité qui nous glace et qui laisse
A jamais dans le cœur une ombre de tristesse!
Toi! mon fils, pauvre enfant! si chétif et si beau!
Ange venu du Ciel qui me mets au tombeau!
Toi qui ne sais encor que pleurer et sourire,
Le bonheur de te voir me charme et me déchire!
Ton père mieux que moi saura te diriger,
A l'âge où la jeunesse ignore le danger.
Tu perds moins que ma fille! A ce mot ma tendresse
Réveille un souvenir dont l'aiguillon m'oppresse!
Dieu! prolongez mes jours! Que ne me laissez-vous
Le temps de la remettre aux soins de son époux!

Que ne puis-je guérir!... mais ma prière est vaine!
C'est un rêve impossible, et le trépas m'entraîne...
Ma fille bien-aimée, adieu... je m'attendris!
Que le Ciel à tes jours joigne ceux qu'il m'a pris!
Adieu! cher compagnon de ma frêle existence!
De la mort nul ne peut différer la sentence...
J'ai vécu plus qu'une autre, et malgré sa rigueur,
Si la vie est par Dieu mesurée au bonheur!...


# PRIÈRE PENDANT UNE NUIT DE VEILLE

### PRÈS DE MA FILLE MALADE.

#### Juillet 1856.

Dieu des saintes amours qui protégez les mères,
Ayez pitié de moi, veillez sur mon enfant!
Ramenez la santé sur son front pâlissant,
    Rendez ma fille à mes prières!

Sa naissance a béni ma riante saison;
C'est pour moi le passé, l'avenir, l'espérance!
Combien j'aimais à voir s'ouvrir son horizon,
A suivre les progrès de son intelligence!
La perdre!... ce mot seul ébranle ma raison!

Si votre loi, mon Dieu! —(que l'espoir me soutienne!)—
Bien jeune, en son printemps la condamne à mourir,

Ah ! que je sois encor sa fidèle gardienne,
Rappelez nos deux cœurs dans un même soupir,
   Prenez ma vie avec la sienne !


## CHANT D'ACTIONS DE GRACES.


Vous avez exaucé mon ardente prière,
La vie a ranimé ce beau front pâle encor ;
Seigneur, vous avez eu pitié de ma misère,
Les larmes d'une mère ont désarmé la mort !


Je le sais, je le vois, ma fille m'est rendue,
Et cependant le doute a traversé mon cœur.
J'ai tant souffert, mon Dieu, que mon âme éperdue
A besoin d'un effort pour croire à son bonheur !


Ma tremblante espérance est un roseau qui ploie.
De ses yeux j'ai revu briller le doux rayon !
Je cherche en vain des mots pour exprimer ma joie.
Je veux prier... mon cœur tremble d'émotion !


Pour vous remercier, Seigneur, que puis-je dire ?
Dans sa félicité mon cœur est triomphant !
Un tel bonheur m'accable ! excusez le délire
D'une mère qui voit renaître son enfant !

## A UNE IMAGINATION VAGABONDE.

Quoi! tu veux te créer une existence à part,
Et seule dans la vie, y marcher au hasard?
Tu voudrais, poursuivant ta recherche insensée,
Loin de ceux qui t'aimaient vivre de ta pensée;
Tu dédaignes nos lois, notre félicité,
Jeune fille tu veux garder ta liberté?
Oisive et solitaire en tes rêves perdue,
Insoucieuse enfant dont l'âme est détendue,
Laisse-moi, s'il se peut, te rendre à la raison,
Et souffre qu'une amie aide à ta guérison!
Ne berce plus ton cœur de ces folles chimères;
Les rêves d'ici-bas sont toujours éphémères!
N'adresse plus au Ciel d'inutiles désirs,
Le présent radieux t'offre assez de plaisirs,
Le jour qui naît t'apporte assez de fleurs écloses
Pour sortir ton esprit de ses songes moroses!
Éloigne tes pensers d'un monde artificiel,
Il n'est pas toujours bon de vivre dans le Ciel;
Redescends des hauteurs où ton esprit s'égare.
Ne te souvient-il plus de la chute d'Icare?
Cette fable est profonde, et son côté moral
Prouve qu'il ne faut pas s'enivrer d'idéal!
Aux arrêts du destin soumets-toi sans murmure,
Qu'à ton cœur la raison prête sa forte armure.

Chaque chose ici-bas offre un noble côté,
Souvent l'idéal touche à la réalité.
Hors du monde éthéré la poésie existe ;
Ton cœur l'a bien compris, mais ton orgueil résiste.
La poésie?... enfant, nos jours en sont remplis :
Elle est dans les devoirs noblement accomplis,
Elle est dans la beauté que la grâce accompagne,
Elle est dans ce ruisseau qui baigne la campagne,
Elle est dans la prière, elle est dans cette croix
Que la ferveur naïve élève dans les bois !
Elle est partout enfin !... l'âme qu'elle illumine
La trouve en son palais comme dans sa chaumine.
Lorsque la poésie est un besoin du cœur,
Elle répand sur tout son prestige vainqueur !
Des rêves décevants détourne ta pensée ;
Accepte l'existence ainsi qu'elle est tracée !
Aux doux soins du foyer borne ton horizon ;
J'en appelle à ton cœur autant qu'à la raison.
Abdique sans regret une erreur dangereuse,
Pense à te préparer une vieillesse heureuse.
Tu n'as donc pas songé que le cœur d'un époux
Pour une jeune femme est le bien le plus doux ?
N'as-tu jamais rêvé qu'une tête enfantine,
S'endormant sur ton sein, sourit et se mutine ?
Toute la vie est là : le bonheur, le devoir,
Douces fleurs du matin, qui parfument le soir !

## ÉPITAPHE.

Le vieux baron de Sanloupas
A passé de vie à trépas !
On pleure au pays des lorettes,
Qu'il aimait à voir en goguettes !
Fervent disciple d'Astarté,
Ce protecteur de la beauté,
Qu'il fallait chercher à Cythère,
A senti le poids de la terre !
A personne il n'a jamais nui,
Et ne faisait du tort qu'à... lui !

## TRISTESSE DE BABOUR

### APRÈS SES CONQUÊTES.

#### Quinzième siècle.

D'un soleil énervant fastidieux retour !
Brahma ! pourquoi sitôt nous ramener le jour ?
Que ne prolonges-tu les nuits où je sommeille,
Le lendemain n'offrant rien de plus que la veille ?
Ce jour sera semblable à tant d'autres passés,
Il ne peut apporter à mes esprits lassés
Que des heures sans fin que Brahma noue ensemble !
Celui qui se termine au précédent ressemble !

Quel incurable ennui m'ont laissé les plaisirs
Dans lesquels je rougis de perdre mes loisirs !
O bonheur négatif qui m'étouffe et me tue !
L'âme d'un prisonnier serait moins abattue.
J'ai désiré parfois que l'aveugle hasard
De quelque grand malheur m'eût réservé la part.
Je souhaite un danger qui m'appelle et me tente,
Il me faut l'inconnu, l'angoisse de l'attente...
Ce que cherche la foule en le nommant bonheur
Ne m'a laissé qu'un vide immense au fond du cœur.
On sent la vie au moins quand on lutte avec elle ;
Parmi tous mes sujets il n'est plus un rebelle !
Ah ! c'est qu'entre eux et moi se dresse un mur d'airain,
Peut-être ai-je trop haut placé leur souverain...
Pour chercher un cœur fier dans ces peuples d'esclaves !
Lorsque par mes dédains j'insulte les plus braves,
Rien ne blesse ou n'émeut ces hommes engourdis ;
Devant Brahma lui-même ils seraient plus hardis !
J'aimerais qu'on doutât de mon omnipotence ;
Pour la briser je veux trouver la résistance !
Verrai-je donc toujours mes peuples à genoux
Applaudir lâchement mes desseins les plus fous ?
Que je voudrais pleurer ! que j'aimerais l'orage !
Mais non ! le ciel serein n'offre pas un nuage !
Le soleil semble aussi de concert avec eux
M'accabler, sans pitié, du fardeau de ses feux !
Ces parfums me font mal, l'air manque à ma poitrine.
Que la vie est pesante ! hélas ! tout me chagrine !...

Cette chaleur m'énerve! à peine si je puis
Trouver des mots exacts pour peindre mes ennuis!
Quand mon royal destin fait envie au vulgaire,
De tout ce que je souffre il ne se doute guère!
Moi le maître absolu de l'Empire mongol,
Babour, l'aigle d'Asie éteint au loin son vol!
Je meurs à petit feu d'une lente agonie,
Qu'on nomme le dégoût et la monotonie!
Moi qui ne garde pas au sein de mes plaisirs
Souvenance d'un acte hostile à mes désirs!
As-tu donc résolu, Déité protectrice,
Que sans lutte tout doit céder à mon caprice?
Brahma! je voudrais vivre une fois par le cœur,
Que le destin se montre implacable et moqueur.
Laisse-moi m'enivrer de périls et de gloire,
Je goûterai du moins le prix de la victoire!
Mon génie indompté ne craint pas les revers;
Je puis soumettre encor un nouvel univers?
Accorde à mes désirs l'altière jouissance
D'avoir à disputer mon trône et ma puissance.
Laisse-moi ressentir l'ardente volupté
D'enchaîner à mes pieds un peuple révolté!
Que j'attache à mon nom une gloire immortelle,
Que je trouve une femme à mon amour rebelle.
Dans la lutte où l'angoisse est mêlée à l'espoir,
Le cœur parle, on le sent vibrer et s'émouvoir!
Colère, amour, transports, voilà ce qui m'enivre!
Brahma! je t'en conjure, un seul jour fais-moi vivre!

# SUR LA MORT DE NOTRE EXCELLENT AMI

## LE DOCTEUR B..., EN REVENANT DE L'ENTERREMENT.

Quoi ! nous avons perdu cet ami dévoué !
Quel vide autour de nous laissera son absence !
Nous ne le verrons plus ! la mort a dénoué
Des liens qui dataient des jours de mon enfance !

Ce cœur qui nous aimait s'est glacé sans retour,
Cet esprit délicat, cette âme charitable,
Dorment avant le temps, lassés du poids du jour !
Leur souvenir nous reste à jamais regrettable !

Il se montrait pour moi si bon, si paternel !
Il aimait mon mari d'une amitié de frère !
Sa science éclairée avait sauvé ma mère
Dans un jour de danger mortel !

Vingt-cinq ans de bonté, de soins, de confiance,
N'étaient pas dans mon cœur imprimés à demi ;
J'aimais à m'appuyer sur son expérience,
Et, bien que jeune encor, c'était mon vieil ami !

Il venait quelquefois s'asseoir à notre table ;
C'était l'hôte joyeux, et toujours bienvenu ;

Il charmait l'entretien par son esprit aimable,
On s'attachait à lui, dès qu'on l'avait connu !


Tous les nobles instincts se partageaient son âme,
Il était généreux, en cachant ses bienfaits ;
De jours si bien remplis le ciel brisa la trame,
Ange des souvenirs porte-lui nos regrets !


Au malade indigent il consacrait sa vie,
Comme il savait calmer nos humaines douleurs ;
De tous ceux qui l'aimaient l'affluence attendrie
A fait à sa dépouille un cortège de pleurs !


Il n'avait ressenti qu'un amour sur la terre,
Le vieillard qu'il aimait expira dans ses bras !
Tout lui fut arraché quand il perdit son père,
Son cœur frappé de mort ne s'en releva pas !


En d'austères travaux consumant sa jeunesse,
Il n'avait pas connu les bonheurs du foyer ;
Il voyait avec crainte approcher la vieillesse
En n'ayant pas un cœur où se réfugier !


Rien n'avait consolé sa pauvre âme abattue,
Aux vœux de ses amis le ciel demeura sourd !
La mort, que tant de fois il avait combattue,
La cruelle !... sur lui s'est vengée à son tour !

Recevez cet adieu de ma reconnaissance,
O vous qui dans nos maux nous consoliez si bien.
Ah ! de tous les regrets causés par votre absence,
Nul n'est plus douloureux ni plus vrai que le mien !

Décembre 1855.


## L'OISEAU BLESSÉ.


Les prés sont parfumés, la terre semble en fête,
Le joyeux renouveau se couronne de fleurs,
Et le soleil, épris de sa jeune conquête,
Brode son vêtement des plus riches couleurs !


Dès les premiers beaux jours la frileuse hirondelle
Revient chercher son nid suspendu sous les toits.
Avril a ramené cette hôtesse fidèle,
Le chantre du printemps gazouille au fond des bois.


Ceux que l'hiver exile ont retrouvé la France.
Au pays étranger un oiseau reste encor :
Il cherche à s'envoler, sans craindre la souffrance,
Mais son aile blessée arrête son essor !


Instinct ou sentiment, un désir le pénètre :
L'oiseau chanteur voudrait voir le bosquet natal ;

Mourir auprès des siens aux bois qui l'ont vu naître :
Cet innocent désir lui deviendra fatal !


Sans craindre les dangers il se met en voyage,
Il traverse les airs de son vol incertain.
Ses forces bien souvent trahissent son courage ;
Pourra-t-il arriver dans ce pays lointain ?


Après bien des efforts et des haltes sans nombre,
Il reconnaît son nid caché dans un berceau :
C'est là ce bois charmant plein de mystère et d'ombre
Que dans son triste exil rêvait le jeune oiseau !


Il se sentit frappé d'une atteinte mortelle,
Mais il voulut encor chanter quelques instants,
Et puis, mettant la tête à l'abri de son aile,
Il ne s'éveilla plus pour fêter le printemps !


## FANATISME INDIEN.

Écrit pendant la révolte des Cipayes, 1858.


Déesse de la mort, sanguinaire Kali,
De douleur et d'effroi mon visage a pâli.
Je t'ai sacrifié l'amour et l'innocence !...
Que demander de plus à mon obéissance ?

D'une vie au désert acceptant les hasards,
J'ai frappé sans pitié les femmes, les vieillards.
Mon devoir et ma foi me conduisaient sans doute,
Pas un être vivant, n'est resté sur ma route !
Jamais, j'ose le dire, un autre parmi nous
Pour te plaire n'osa frapper de pareils coups !
Un jour, si j'ai failli, pardonne-moi, Déesse !
Quel mortel ou quel Dieu fut exempt de faiblesse ?
Daigne épargner des jours à ton culte promis !
Je lutterai de ruse avec tes ennemis.
Souveraine des Thugs, si tel est ton caprice,
Et de ma propre main s'il faut que je périsse,
Si mes exploits passés n'ont pu me protéger,
Et malgré mes remords si tu veux te venger,
Inspire ton esclave, ô Kali redoutable !
Je mets à ton service un courage indomptable !
Je veux par mon audace étonner mon pays !
Laisse-moi ranimer le zèle de tes fils...
Il faut lutter d'ardeur quand l'infâme Angleterre,
Ivre de notre sang, tue et s'y désaltère !
Ah ! laisse-moi tenter de ranimer des cœurs
Qui, charmés par mes chants, seront partout vainqueurs !
Ne crains pas les effets des doctrines nouvelles ;
Tes sujets sont toujours vigilants et fidèles !
Moi seul je ne suis plus le même qu'autrefois...
Je tremble au souvenir de mes anciens exploits !
Hélas ! quel souffle impur a traversé mon âme,
Et de sa noble ardeur vient d'éteindre la flamme ?

Moi connu par mon calme et mon austérité,
Moi dont l'esprit viril était si redouté,
Quel démon s'est joué de mon intelligence?
Mon bras est prêt! mon cœur incline à l'indulgence,
Au remords, au chagrin! Un désespoir mental
S'est emparé de moi, depuis ce jour fatal
Où j'osai t'offenser, implacable Déesse!
Mais tu dois tout savoir! pardonne à ma détresse!...


C'était un soir d'été : depuis longtemps ma main
Ne t'avait pas offert de sacrifice humain!
Je rêvais tristement aux ennuis de la vie,
Sans pouvoir apaiser mon âme inassouvie,
Lorsque j'entends des pas se diriger vers moi
Et comme j'éprouvais un invincible émoi,
De l'intrus je jurai de punir l'insolence.
Aussitôt mon almée en souriant s'élance!
Je pâlis!... j'hésitai... mais fort de mes serments
Mon cœur désespéré contint ses battements!
Le devoir l'emporta!... j'oubliai mon amante!
O mort! vis-tu jamais de beauté plus charmante?
Surmontant à grand'peine un effroi singulier,
De mes bras amoureux je lui fis un collier!
Elle ignorait la peur, la gracieuse almée.
Elle m'aimait, hélas !... et se croyait aimée!
Dans un dernier baiser son âme, sans effort,
Comme une ombre passa de l'amour à la mort!

FANATISME INDIEN

vais dans ma ferveur étranglé ma maîtresse.
and j'aurais dû sentir une pieuse ivresse,
ns mon cœur éperdu le trouble se glissa
ton sujet fidèle, ô Kali, t'offensa !
n'ai pu d'un œil sec contempler ma victime.
esse, punis-moi ! mes larmes sont un crime !
prends à l'avenir que l'altière Kali
venge sans pitié d'un seul moment d'oubli !
s regrets sont encore une injure pour elle :
lheur à l'insensé qui se trouble et chancelle !
esse, il faut du sang pour effacer mes pleurs !...

     *(Il se frappe.)*

li... je te trompais !... c'est d'amour que je meurs !


# RÉPONSE D'UNE FEMME DE BIEN

## A UNE DÉCLARATION.


voulais à l'offense opposer le mépris,
calme de mes jours vous paraissez surpris !
us espériez sans doute une grande colère,
i rendît plus ardent le désir de me plaire ?
, si quelque faiblesse eût agité mon cœur,
trouble dangereux qui charme un séducteur ?
cune émotion n'a pénétré mon âme.
amour chaste et pur la remplit de sa flamme,

Et pour vous épargner d'inutiles efforts,
Je veux bien condescendre à vous montrer vos torts !
Je vais en quelques mots vous imposer silence !
Vous m'aimez, dites-vous ? Mais cet amour m'offense ;
Vos vœux sont une injure à l'honneur, au devoir ;
Hors de mon cher foyer rien ne peut m'émouvoir !
Le noble époux qui m'aime a toute ma tendresse,
De l'amour maternel j'ai savouré l'ivresse,
Le bonheur parmi nous a choisi ses élus ;
Votre ardeur est coupable et vos vœux superflus !
Je devrais vous railler de votre folle audace
Et vous forcer peut-être à me demander grâce ;
Mais à ce jeu cruel rempli de vanité,
La vertu perd son charme et son autorité.
C'est un triste succès ! Je veux que mon langage
Ne laisse rien d'amer à celui qui m'outrage
Et que de la raison l'austère et douce voix
En pénétrant son cœur le ramène à ses lois !
Le pardon m'est facile, et j'ai peu de mérite ;
Je ris des vanités, mais nulle ne m'irrite !
C'est, vous l'avez compris, que mon cœur a trouvé
Dans l'époux de son choix un idéal rêvé :
La bonté, la douceur, la grâce lorsqu'il cause,
Et le charme infini qu'il prête à toute chose !
Je l'aime, le révère et mon cœur sans effort
Avec ce qu'il désire est en parfait accord !
Il pense pour nous deux, son idée est la mienne,
Et mon opinion est l'écho de la sienne !

Sans regret, sans murmure il faut vous éloigner.
Ayez avec esprit l'art de vous résigner :
Une franche amitié vaudra mieux qu'un caprice
Et, le dépit passé, vous me rendrez justice.
Écoutez un conseil : qu'un choix digne de vous
D'un séducteur blasé fasse un heureux époux ;
Demandez à l'hymen ce que le cœur espère ;
Dans vos foyers bénis, lorsque vous serez père,
Une joie inconnue emplira votre cœur ;
Les plaisirs, les devoirs composent le bonheur !
Le passé qu'on chérit, l'avenir que l'on rêve,
Dans l'éternel amour l'existence s'achève !
Suprême et dernier mot de la félicité ;
Tout le reste est chimère et folle vanité !


## SUR JEANNE D'ARC.


Toi que la calomnie a sans scrupule atteinte,
Jeune fille héroïque à l'esprit inspiré,
Brave comme un soldat, chaste comme une sainte,
En dépit des méchants ton nom reste sacré !

## A MON MÉDECIN DE LA CAMPAGNE.

Eh quoi ! vous prétendez m'empêcher de penser ?
Au niveau de la brute autant me rabaisser !
Comment ?... vouloir au jeu borner ma jouissance !...
Docteur ! ne comptez plus sur mon obéissance !
Le whist et l'écarté ne me séduisent pas,
Et j'ai, quant à présent, dédaigné leurs appas !
A ces jeux pleins d'attraits dont le monde s'amuse,
J'ai toujours préféré l'entretien de la muse.
Croyez-moi, ce n'est pas un effet du hasard ;
A ce que Dieu nous dicte, il faut avoir égard !
Écouter nos instincts n'est que lui rendre hommage,
Et puisque Dieu nous a créés à son image,
N'est-ce pas s'incliner devant ce grand pouvoir
Qui sait tout mesurer, tout régir, tout prévoir ?
Ce n'est pas sans dessein qu'il dirige notre âme
Et qu'il trace à chacun sa voie et son programme.
La poésie est noble : elle nous vient du ciel.
Vouloir l'anéantir est impie et cruel !
A vous railler, docteur, mon esprit s'aventure !
On tente vainement de changer sa nature :
Ah ! laissez-moi rêver ! ah ! laissez-moi chanter ;
C'est un élan du cœur que l'on doit respecter.
J'ai longtemps essayé d'enchaîner ma pensée,
Mais elle m'échappait, inquiète et blessée,

L'ennui me dévorait... je faillis en mourir !
Contre un mal incurable, il faut bien s'aguerrir ;
Quelques heures par jour j'étudie et je rêve,
Le travail de l'esprit plaît à l'âme et l'élève !
Ne me reprochez pas ce paisible labeur ;
On y puise l'oubli des blessures du cœur.
Il devint mon refuge aux jours de ma détresse,
Quand la mort arrachait mon père à ma tendresse,
Et que seule, livrée au plus sombre loisir,
En vain mon pauvre cœur voulait se ressaisir !...
Combien la poésie allégea ma souffrance,
Me rendant le courage ainsi que l'espérance !
Pleine d'enchantements qu'on ne soupçonne pas,
La poésie abonde en plaisirs délicats :
C'est un éclair divin qui rayonne dans l'âme,
Et le cœur désolé se ranime à sa flamme !


Quand on sait s'occuper et se passer d'autrui,
On n'éprouve jamais le dégoût et l'ennui ;
L'âme ne se sent plus languissante ou lassée,
Et cherchant ses plaisirs au sein de sa pensée,
Elle y trouve un abri contre les jours mauvais ;
La solitude alors ne lui pèse jamais !
Celui qui peut railler cet instinct poétique
Et surtout le proscrire, est un triste sceptique !
La poésie, innée au cœur de ses élus,
Imprime aux sentiments une grâce de plus,

Elle mêle à la vie un charme irrésistible,
Et sait même adoucir ce qu'elle a de pénible !
C'est un rayon plus pur brillant dans un beau jour,
Enfin la poésie est l'âme de l'amour !
On voudrait se soustraire à sa toute-puissance,
Le cœur qu'elle remplit lui doit obéissance :
Il faut bien se soumettre à ses droits absolus,
Et ceux qu'elle a choisis ne s'appartiennent plus !...
Comme une souveraine elle étend son empire,
On la fuit vainement ! pour elle tout conspire !
Et souvent mes pensers, voyageant au hasard,
Se traduisent en vers sans que j'y prenne part !
Docteur, si ma santé vous paraît languissante,
Vraiment la poésie en est bien innocente !
Chanter est un plaisir, ce n'est pas un travail,
Et ma nef pour cela n'est pas sans gouvernail !
Mon ménage a mes soins : surtout n'allez pas croire
Que je néglige ici le fond pour l'accessoire !
Je sais, quand il le faut, veiller sur ma maison,
Aux plus humbles travaux borner mon horizon :
Mon époux, mes enfants sont ma joie et ma vie,
Hors de ce cercle aimé rien ne me fait envie !
Et mon heureux foyer est tout mon univers ;
C'est là qu'est le bonheur, en prose comme en vers !
Cher docteur, permettez que j'écrive à mon aise,
Car, en dépit de vous, je soutiendrai ma thèse,
Et vous n'obtiendrez pas d'asservir mon esprit
Aux délices du jeu que vous m'avez prescrit !

MADEMOISELLE RACHEL — ROLE DE PHÈDRE

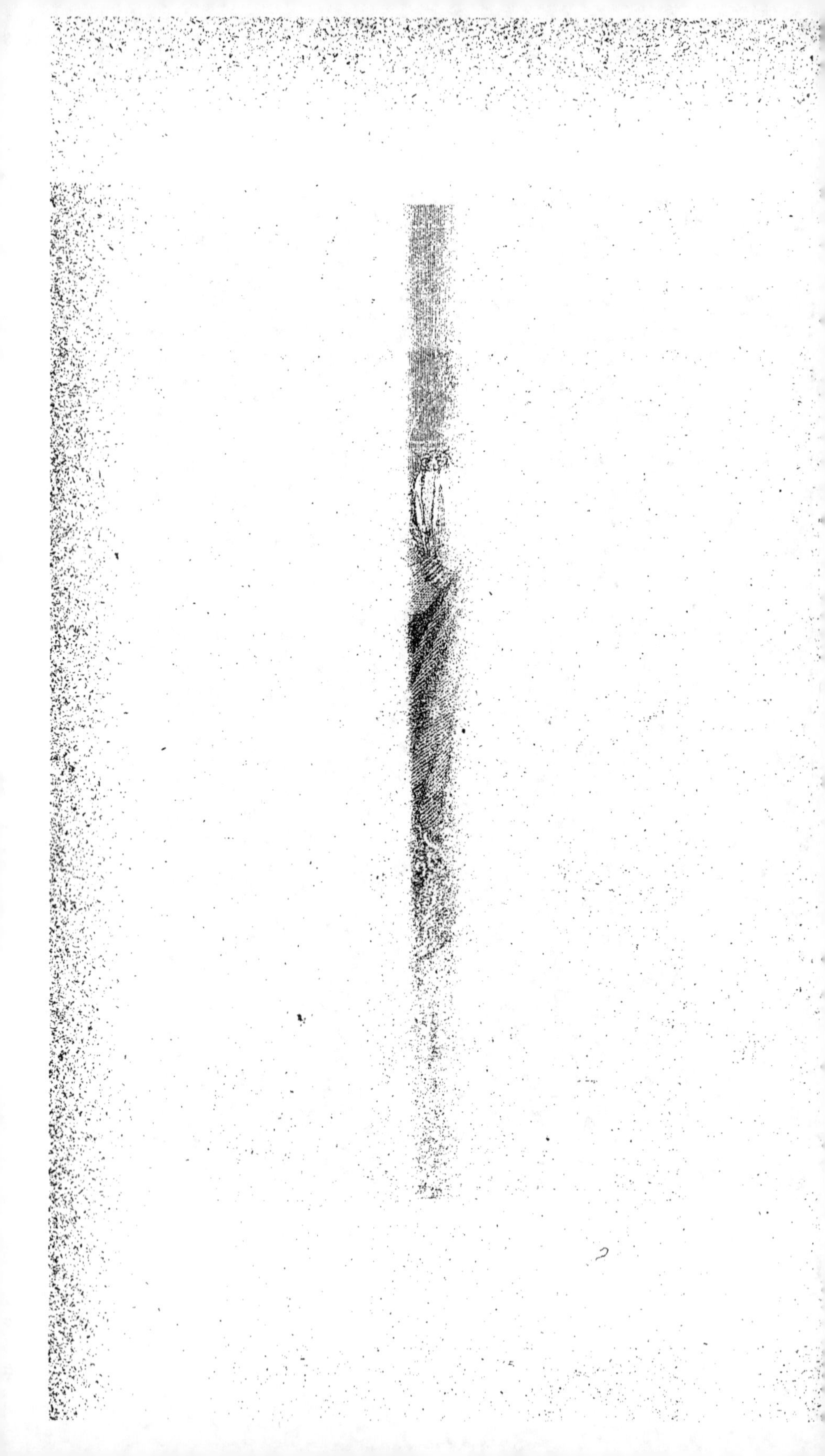

Peut-être que le whist charmera ma vieillesse,
Si je peux, toutefois, en saisir la finesse !
Je vous promets encor d'apprendre l'écarté,
Et d'oublier la muse au sourire enchanté !
Mais laissez-moi du moins rêver quelques années,
Et recueillir les fleurs que j'aurai moissonnées ;
Je suis trop jeune encor et d'esprit et de cœur
Pour demander au jeu de faire mon bonheur !

Septembre 1857.


# REMEMBRANCE !

Imité de Thomas Moore.


Un fatal souvenir ! un chagrin sans espoir
Qui voile pour jamais l'existence d'une ombre,
Et laisse dans le cœur un funeste savoir !
Après lui le destin n'offre plus rien de sombre ;
On fuit tout ! le plaisir comme l'ambition,
Et le malheur lui-même est sans émotion.

1857.

## A MADEMOISELLE RACHEL.

> Le talent de Rachel fut une royauté !

Gloire à toi, noble femme, étonnante merveille !
Ta beauté plaît au yeux, ta voix charme l'oreille !
O toi dont le talent vient de nous révéler
Cette langue des dieux qu'on n'osait plus parler,
Que tes accents sont vrais ! Heureux est le poète
Qui trouve pour son œuvre un si digne interprète !
Corneille dans sa tombe en a dû tressaillir,
Et l'ombre de Racine est là pour t'accueillir !
Enfin le goût renaît, la grande poésie
Trouve pour l'écouter une foule choisie ;
Après avoir souffert d'étranges nouveautés,
Le public veut revoir d'éternelles beautés !
Au drame échevelé préférant Melpomène,
Il rougit avec Phèdre et pleure avec Chimène ;
La foule suit tes pas, grande et noble Rachel,
Tout un peuple charmé se presse à ton appel,
Il aime à se bercer de rhytme et d'harmonie,
Et semble enfin se plaire aux œuvres de génie !
Ta voix a des accents qui savent dominer !
Tu nous fais à ton gré pâlir et frissonner !
En évoquant Racine et sa muse immortelle,
Tu nous as révélé Phidias et Praxitèle !

Que tu possédais bien l'art de t'envelopper,
Et de quels chastes plis tu savais te draper !
Des muses tu semblas l'éloquente prêtresse ;
En toi tout séduisait : ta grâce enchanteresse,
Ton visage expressif qui sait tout refléter,
Ce don plus rare encor, le talent d'écouter !
Qui t'a donc appris Rome et sa fière éloquence ?
Aux rivages du Tibre avais-tu pris naissance ?
Il semble qu'une fée, aux jours d'Herculanum,
Dans la pourpre romaine ait taillé ton peplum.
D'où venait ta pâleur de sibylle inspirée,
Fille des anciens dieux parmi nous égarée ?
Le talent accompli que tu nous révélas
Est de ceux que l'on rêve et qu'on ne revoit pas !
Refusant d'accueillir la muse romantique,
Tu ramenas le goût du beau, du poétique.
Le style à cette époque était dégénéré ;
De hardis novateurs l'avaient défiguré !
Pour toi l'art fut un culte, et presque une puissance,
De celles que la foule avec orgueil encense !
Dans Phèdre ton génie atteignait l'idéal ;
Ton front penché semblait empreint d'un sceau fatal !
Tu désertais la lutte, épuisée et maudite,
Lorsque OEnone tremblante ose dire : « Hippolyte ! »
Tu frémissais, sentant qu'elle avait blasphémé...
Comme tu murmurais : « C'est toi qui l'as nommé ! »
Éperdue à ce nom que tu rougis d'entendre,
Et reculant d'effroi comme pour t'en défendre !...

Ton détestable amour nous inspirait l'horreur :
En maudissant ton crime on plaignait ton malheur !
Dédaigneuse et superbe envers la calomnie,
Comme tu distillais ta mordante ironie !
Tu donnais à ton rôle un sentiment si vrai
Qu'on cherchait près de toi le dieu qui t'inspirait !
Esprit fin, délicat, et nature d'élite,
De Corneille et Racine ardente prosélyte,
Sur ce trône des arts tu fus pendant vingt ans
Reine par la beauté, la grâce et les talents.
En tous lieux te jouant d'une lutte inégale,
Rien n'avait entravé ton œuvre triomphale !
Partout où tu passas, ton sceptre incontesté
N'a jamais rien perdu de son autorité !
La foule t'escortait et grossissait en nombre ;
En vain tu demandais un peu de calme et d'ombre,
Et puis en souriant tu cédais à ses vœux !
La gloire t'enivrait de prestiges fiévreux !...
Sous un éclat d'emprunt tu cachais ta souffrance...
Déjà frappée au cœur quand tu quittais la France,
Au rivage africain tu demandas l'espoir
Que la science, hélas ! n'osait plus concevoir ! ! !

.     .     .     .     .     .     .     .     .     .     .     .     .     .     .     .

.     .     .     .     .     .     .     .     .     .     .     .     .     .     .     .

.     .     .     .     .     .     .     .     .     .     .     .     .     .     .     .

Mais quel deuil a soudain consterné les deux mondes ?
D'où viennent ces regrets, ces tristesses profondes ?
Une douleur publique a frappé les esprits !

Les dieux s'en vont!... la Grèce exhale de longs cris!
Melpomène debout, éperdue et voilée,
De sa fille au cercueil garde le mausolée...
Rachel est morte, hélas! dans toute sa beauté,
Quand son talent semblait dans sa maturité,
Alors que sa couronne était encor fleurie,
Et qu'elle était l'orgueil de sa fière patrie!
Que de rôles charmants l'avenir a perdus!
Que de soirs enchantés qui ne reviendront plus!...
Celle qui réveilla l'Italie et la Grèce,
Du temple d'Apollon l'immortelle prêtresse,
Rachel est morte en proie à ce mal dévorant
Qui mine le génie, hélas! en l'inspirant!
Dans un rude labeur elle épuisa sa vie,
Et paya chèrement des succès qu'on envie!
Mais sa gloire est acquise à l'immortalité;
Elle était sans rivale, et la postérité
Ne connaîtra jamais d'aussi parfait modèle;
La noble diction s'est perdue avec elle!
Son talent n'était pas un trésor qu'on soustrait,
Et la tombe fidèle en garde le secret!...

1858.

## BEAUX-ARTS ET POÉSIE.

### FRAGMENT.

Les arts font le bonheur de celui qui les aime ;
Un mot les définit, chacun a son emblème :
L'écrivain a sa plume, et le peintre un pinceau,
Un sculpteur éminent doit sa gloire au ciseau.
Le poète a son luth, ou mieux encor sa lyre,
Sur le mode ionien il chante et sait tout dire.
Muse de l'harmonie au charme plein d'attrait,
De la musique Euterpe enseigne le secret.

Les arts donnent la vie et l'âme à toute chose ;
Comme une fleur l'idée en la cervelle éclose
Répand sur l'existence un parfum d'idéal.
Vivre de sa pensée est plaisir sans égal !
Qui ne le connaît pas en rit, le met en doute.
Qu'importe ! élu du ciel il faut suivre sa route !
Le poète est heureux de ce qu'il trouve en lui,
Le plus modeste sort ne connaît pas l'ennui,
Il évoque une idée, elle charme son rêve,
Il en fait quelque chose, et le réveil l'achève !
Moïse, à voir de haut, fut un poète aussi,
Malgré le temps son nom ne s'est pas obscurci.

Sans vouloir remonter jusqu'aux temps de l'Exode,
Les *Travaux et les jours* nous viennent d'Hésiode.
Des poètes, sans doute, il est le plus ancien,
Nous saluons en lui le premier Parnassien.
Aux fables de l'Olympe en vain il nous recule;
La naissance des dieux, le bouclier d'Hercule,
Dont Virgile imita l'allure et la couleur,
N'ont pas, bien que vieillis perdu toute valeur.
Homère vint alors, nous laissant deux poèmes.
Sa fière poésie a des beautés suprêmes.
Le père de la fable, Ésope, eut du bonheur
D'avoir dans La Fontaine un tel enlumineur !
Racine s'est dans *Phèdre* inspiré d'Euripide;
Que de beautés dans l'œuvre et quel discours limpide !
Nul n'a jamais atteint de si grandes hauteurs,
Racine est immortel malgré ses détracteurs !
Mes poètes chéris, Musset et Lamartine,
Quel trio merveilleux en y joigant Racine !


## PENDANT LE CHOLÉRA

### UNE DISETTE ET DES INONDATIONS.


Tous les maux sont venus nous frapper à la fois !
Hélas ! nous succombons accablés d'un tel poids !
Seigneur ! chassez au loin le souffle délétère,
Laissez-nous demander notre vie à la terre.

Ah ! prenez en pitié vos enfants éperdus !
Rendez-leur, ô mon Dieu, les biens qu'ils ont perdus !
Que dix mois de travaux ne restent plus stériles ;
Rendez nos prés fleuris et nos plaines fertiles,
Prêtez l'oreille aux vœux que nous vous adressons.
Que la grêle et l'orage épargnent nos moissons !
Que les épis dorés lèvent leurs fronts superbes,
Que le moissonneur ploie accablé sous les gerbes,
Que la vigne nous donne un suc délicieux !
Du soleil d'autrefois illuminez les cieux !
Des fleuves révoltés calmez l'exubérance,
Ne leur permettez plus de ravager la France !
Peut-être assez de maux sont répandus sur nous,
Pour apaiser, Seigneur, votre juste courroux ;
La disette et la peste, un déluge et la guerre,
Sont venus tour à tour nous accabler naguère.
Ah ! n'est-ce pas assez?... Vous qui voyez nos pleurs,
Daignerez-vous, mon Dieu, terminer nos malheurs !

1856.

## LES LARMES.

### ROMANCE.

Lorsque tu m'apparus, ô jeune enchanteresse,
Mon âme ressentit une indomptable ivresse,
Et mon timide amour désarma ta rigueur.
Que de fois à tes pieds tu me vis sans colère !

Je me croyais aimé, ce fut une chimère !
Si j'ai rêvé, tu dois m'apprendre mon erreur !
Quelle angoisse inconnue a causé tes alarmes ?
Tu gémis en secret, tu me caches tes larmes,
Le doute m'a brisé, pardonne à ma douleur !
Cet avenir si doux caressé dans mes songes,
Ces aveux échangés ne sont-ils que mensonges ?...
Parle !... je puis mourir, mais non perdre ton cœur ?


RÉPONSE.


Qui t'a donné le droit d'accuser ma tendresse ?
Ce transport insensé me déchire et me blesse !
De ton cœur inquiet contiens les mouvements !
Tu connais mon amour ; lorsque sans défiance
Je t'en ai fait l'aveu, ton désespoir m'offense !
Quand j'ai promis peux-tu douter de mes serments ?
Tu m'as surprise en pleurs, enfant, tu t'en alarmes,
Mais toute émotion se traduit par des larmes.
Ne cherche pas de cause à de vagues tourments !
La joie et la tristesse ont le même langage ;
Le bonheur est en moi plein de trouble et d'orage,
Et mes pleurs trahissaient mes plus chers sentiments.

# ENTRETIEN CONFIDENTIEL.

### LE POÈTE A SA MUSE.

Le monde t'abandonne, ô ma belle déesse !
Renverser tes autels le comble d'allégresse :
Ce siècle positif ne craint pas d'insulter
Aux élus que le ciel a créés pour chanter !
Il s'en va répétant : « La poésie est morte !
« C'est encore une erreur que le progrès emporte ! »
De honte et de chagrin Melpomène a pâli,
Pleurant ses beaux succès retombés dans l'oubli !
Autrefois de la Muse on aimait la parole,
Mais aujourd'hui la foule encense une autre idole !
Le pays est en proie au veau d'or insolent;
La richesse tient lieu d'esprit et de talent !
Tout un peuple éperdu s'aventurant sur l'onde
S'en est allé fouiller le sol du nouveau monde !
Dans son ardeur vénale il s'enfuit sans songer
A son foyer désert qu'il devait protéger !
Pourquoi dans les hasards perdre ainsi leur jeunesse?
La mort qui n'attend pas vient avant la richesse !
Celui que le succès ramène plein d'orgueil
Souvent à son retour n'a trouvé que le deuil !
A quoi bon tant d'efforts ! la vie est si rapide !
Le flot qui nous entraîne est brillant, mais perfide.

CALLIOPE.

LE POÈTE À SA MUSE

Sans crainte on s'abandonne au paisible courant,
Et le calme ruisseau se change en un torrent !
Que la rive est fleurie au début du voyage !
L'oiseau chante l'amour caché dans le feuillage,
Le ciel bleu nous dévoile un splendide horizon.
Célébrons par nos chants cette heureuse saison !
Moissonnons au printemps, n'oublions pas de vivre,
Et cueillons au matin la fleur qui nous enivre.
Noyons tous nos soucis dans les flots du Léthé,
Ce fleuve ténébreux cher à l'antiquité !
Aimons ! vivons ! chantons !... Couronnés de verveines,
Demandons l'allégresse à nos amphores pleines !
Disciple d'Épicure et chéri d'Apollon,
Que j'aime à m'égarer dans le sacré vallon !
Et tandis que la foule inquiète et confuse
Court après la fortune, allons chercher la Muse !
Si le poëte est pauvre, il est aimé des dieux,
Qui gardent pour lui seul leurs dons mystérieux !
Doux plaisirs inconnus de la tourbe vénale,
Qui raille en l'ignorant notre vie idéale !
Horace est en honneur, même après deux mille ans ;
Virgile toujours lu plaira dans tous les temps !
Ce beau génie était de race plébéienne,
Le fils d'un affranchi charma Rome païenne ;
Mais ils savaient parler ce langage enchanté,
Dont vingt siècles n'ont pas altéré la beauté.
Ah ! qu'importe la gloire au poëte qui t'aime,
O Muse ! et dont l'amour se recueille en lui-même !

Il chante pour chanter, comme l'oiseau des bois,
Et ne s'informe pas si l'on entend sa voix !
Heureux de son destin, sans redouter l'envie,
Ses vers calmes et purs sont l'écho de sa vie ;
Ses pensers vont aux cieux chercher leur élément,
Et ce rêve divin le berce en le charmant !
O Muse ! à qui je dois mes plus douces journées,
Viens embellir encor mes dernières années !
D'un voile d'idéal recouvre l'horizon,
Eloigne les ennuis de la triste saison !
Si le printemps me fuit, je veux chanter encore ;
Que le soir s'illumine aux reflets de l'aurore,
Poétique déesse ! il me faut ton secours ;
Conduis-moi doucement au terme de mes jours.
Du monde que me fait l'éloge ou l'injustice ?
Je ne sais que chanter au gré de mon caprice,
Passer une journée assis au bord de l'eau,
Confier une fleur au courant du ruisseau,
D'un nuage azuré suivre la fantaisie,
Mais le ciel m'accorda le don de poésie.
La Muse a, sur son aile, emporté mon essor !...
O jeunesse, un instant je te retrouve encor !
Le champ de la pensée est ouvert à mon âme ;
Je puise au feu sacré quelques rayons de flamme.
Dans la sphère enchantée où fleurit l'idéal
Toute chose revêt un charme sans égal !
Et dans le monde étrange où mon esprit s'élève
J'ai peine à démêler la vérité du rêve !

Quels terrestres bonheurs peuvent se comparer
A ces ravissements dont j'aime à m'enivrer ?
Ce sont là des trésors que la foule méprise !
Elle rit des plaisirs que mon cœur poétise !
Hors de son cercle étroit tout semble mensonger,
Aux intérêts mondains moi je suis étranger.
Comme à l'oiseau chanteur Dieu m'a donné des ailes,
Et mon âme s'envole aux cimes éternelles.
Je n'ai point au rivage amarré mon esquif,
Je vogue à l'aventure, en rêveur, en oisif.
Toi qu'on repousse en vain, séduisante déesse,
Blonde fille du ciel qu'on adorait en Grèce,
Viens encor m'inspirer, ô Muse des beaux jours !
Fuyons des chercheurs d'or les vulgaires discours ;
Des enfants de Mammon qu'importe l'hérésie ?
On ne peut détrôner l'art et la poésie !
Amour de l'idéal, pur sentiment du beau,
Tu n'éteindras jamais ton céleste flambeau.
L'étincelle qui brille au sommet du Parnasse,
Rayonne d'âge en âge, et la Muse d'Horace
A ceux qu'elle a choisis dicte encor sa leçon.
Chaque siècle en fuyant nous livre sa moisson,
Ces trésors de l'esprit que le passé nous laisse !
Glorieux souvenirs !... vrais titres de noblesse,
Oui, malgré l'ignorance et l'incrédulité,
Toujours la poésie aura droit de cité !

1859.

# LE ROMAN DU FOYER.

Qui peindra les bonheurs de l'amour dans l'hymen,
Sentiment absolu d'une ivresse profonde !
Un rêve d'idéal emprunté de l'Éden,
On n'imagine rien de plus doux en ce monde !

Qui peindra cette ivresse alors qu'on est aimé,
Cet oubli d'un passé dont le cœur se dégage,
Ce dédain du présent, lorsque le cœur charmé
N'a plus qu'une espérance et n'entend qu'un langage !

Irrésistible flamme ! amour qui de deux cœurs
Dès le premier regard ne fait plus qu'une vie,
Tu répands sur nos jours d'ineffables douceurs,
Tu révèles sa force à notre âme assouvie !

Qui ne l'a pas connu ne saurait l'exprimer,
Mais le mortel heureux qui l'éprouve et l'inspire,
Abandonne son cœur aux délices d'aimer,
Les goûte avec ivresse, et bénit leur empire !

Chaste et pure union de l'âme et des pensers,
Amour sanctifié du foyer domestique,

Pour peindre les bonheurs qu'ici j'ai retracés,
Il faut avoir connu ton charme poétique !...

Il faut en son chemin rencontrer l'idéal
Dont notre âme a rêvé l'image enchanteresse ;
Il faut avoir aimé d'un amour sans égal
Quand les illusions nous prêtent leur ivresse !

Il faut avoir connu cette existence à deux,
L'extase où l'on se perd en longues rêveries,
Et ce doux tête-à-tête au fond des bois ombreux,
Et ces courses sans but dans les plaines fleuries.

Ne cherchons le bonheur que dans notre horizon,
Trésor venu du ciel, que l'on trouve en soi-même ;
Heureux qui peut cueillir dans sa fraîche saison
Ce bouquet dont le cœur sait faire un doux poème !

Étincelle d'en haut qui nous luit tour à tour,
Guide le cœur fidèle au bout de sa carrière ;
Que chacun ici-bas trouve un rayon d'amour,
Et que sa foi l'emporte à Dieu dans sa prière !

1858.

# LA GIROUETTE.

### FANTAISIE.

Pendant une nuit d'orage et d'insomnie.

La girouette
Est inquiète,
Elle gémit
Toute la nuit !
Pauvre âme en peine,
Ta plainte est vaine,
Il faut tourner,
T'abandonner
Comme une folle,
Au gré d'Éole !
As-tu jamais
Connu la paix ?
Quand le vent passe,
Comme il te lasse,
Toujours à l'air,
L'été, l'hiver.
Après la pluie,
Phœbus t'essuie,
Son chaud rayon
Dore ton front !

Zéphyr t'encense
Et te balance.
L'oiseau du toit
Chante pour toi !
Ta destinée
Désordonnée
A de beaux jours,
Mais ils sont courts !
Tourne sans cesse
Avec souplesse,
Dis au savant
D'où vient le vent !


Et chez les hommes,
Fous que nous sommes,
On tourne aussi
Sans nul souci !
Un cœur avide
Devient perfide,

Et sans effort !
Amour de l'or,
Ton influence
Et ta puissance
D'un grand seigneur
Font un jongleur !
« En politique,
« Dit un sceptique,
« L'intégrité,
« La loyauté,
« Sont hors de cause.
« On vit en prose !
« Un traitement
« Vaut un serment !
« Et la morale
« Est un dédale
« Où l'on se perd,
« Sans y voir clair !

Ce vil langage
Est à l'usage

Des mécontents
De tous les temps !
Et notre époque
De tout se moque !
Le dieu de l'or
Est son mentor !
Dans ce bas monde,
Le vice abonde ;
La vanité
A tout gâté !
Que d'inconstances,
D'inconséquences,
De trahisons,
De faux blasons !...
De girouettes !...
Ah ! que de têtes
Tournent souvent
Au moindre vent !

Juillet 1859.

# DÉMENCE EN PARTIE DOUBLE.

*Le plus extravagant n'est pas celui qu'on pense !*

D'amour le sultan perd la tête !
(Il ne perd pas grand'chose, au fond !)
Aux pieds de sa belle conquête
En esclave il courbe le front !
Medgé, qui raille l'espérance
De l'héritier de Mahomet,
Reçoit avec indifférence
Ce qu'il donne et ce qu'il promet !
Il essaya tout pour lui plaire,
Sans en être plus avancé,
Et rien dans son vocabulaire
N'émeut ce cœur triste et glacé !
Malgré tout ce que sa tendresse
Pour elle invente chaque jour,
Elle résiste avec adresse
Et met en doute son amour !

Hier assis près du Bosphore,
Il lui répétait : — « Je t'adore !
Dis-moi sans crainte, ô ma beauté,
Tout ce qui dans ta jeune tête
A l'aventure se reflète
De caprice ou d'insanité ?

Ma main à t'obéir est prête !
Veux-tu l'oreille d'un cadi ?
Ou la langue d'un effendi ?
Ton choix d'avance est applaudi !
De l'eau du Jourdain veux-tu boire ?
La folie est sœur de l'amour !
Dis-moi qu'il fait nuit en plein jour,
Dans tout ce qui semble illusoire,
En aveugle je veux te croire !
Doute de ce qu'ont vu tes yeux,
Doute de la terre et des cieux,
C'est chose légère et frivole
Comme la feuille qui s'envole
Sur l'aile inconstante d'Éole !
Si le doute hier s'est enfui,
Il sera la foi d'aujourd'hui
Dans ce cœur changeant et mobile,
Où le caprice a droit d'asile
Et que la nouveauté séduit !
Mais ne doute pas que je t'aime,
Mon cœur ne vit qu'auprès du tien.
Te plaire est le bonheur suprême,
Enfant qui n'as souci de rien !
Hélas ! je suis à toi, quand même !
Ton amour serait tout mon bien !
Le ciel m'en a prodigué d'autres
Que je n'estime que pour toi !
Si tu daignais dire : « les nôtres »,

Je serais plus heureux *qu'un Roi !*
Pour le sultan sois généreuse ;
Que te faut-il pour être heureuse,
Fleur de ma riante saison ?
Parle enfin, ô ma souveraine !
Pour toi j'abdique ma raison !
A tes pieds ta beauté m'entraîne,
Tes yeux sont tout mon horizon !
Ce que l'omnipotence donne,
Tout ce que l'or peut acheter,
Cette splendeur qui m'environne,
Quoi ! rien ne saurait te tenter ?
Ne doute pas, belle incrédule,
D'un fou qui t'ose aimer ainsi !
S'il te reste un peu de scrupule,
Ne t'en fais pas un vain souci !
Rien de ce qui plaît n'est factice,
Et la femme ainsi que l'oiseau
Ne doit pas compte d'un caprice :
Tout est grâce dans un roseau !
Je suis le sultan et je t'aime,
Parle !... mon angoisse est extrême...
Veux-tu ceindre le diadème ?... »
Medgé d'un air triste et distrait
Lui dit en soulevant son voile :
« — Pourquoi m'arracher mon secret ?...
« Ce que je veux, c'est une étoile ! »

1860.

# LE JALOUX.

### RONDEAU.

#### TIRCIS A CHLOÉ.

Je me tourmente à chercher ta pensée.
Dans ce labeur mon âme s'est lassée,
Et je n'ai pu deviner ton secret !
Si mon amour eut pour toi de l'attrait,
Oublie, hélas ! une plainte insensée !
Loin de mon cœur en vain je t'ai chassée ;
Mais tu reviens, par l'amour retracée,
Et près de toi d'un pénible regret,
       Je me tourmente !

Quoi ! je t'adore, et je t'ai repoussée,
Et sur ma main sentant ta main glacée,
J'ai pu garder un silence distrait...
Pardonne encore à mon cœur inquiet...
Je souffre tant !... lorsque je t'ai blessée,
       Je me tourmente !

## PASTORALE BRETONNE.

Dégoûté de Paris, des salons et du faste,
D'une vie au grand air je suis enthousiaste,
Et je connais enfin les doux loisirs des champs,
Les utiles labeurs remplis de soins touchants.
Je passe ma soirée en longues promenades,
Écoutant des oiseaux les tendres sérénades !
J'ai perdu ma jeunesse à chercher le bonheur,
Et je n'ai rencontré que le vide du cœur,
Les regrets, les soucis, et ce vague d'une âme
Dont le travail n'a pas entretenu la flamme !
Il faut à l'existence un but, une raison :
Celui-ci par la gloire étend son horizon,
Tel autre dans l'étude apporte son génie,
Les arts sont honorés, la science est bénie ;
Moi que le ciel n'a fait ni savant ni guerrier,
Je ferai des heureux... sans chercher un laurier !
Alors j'ai fui Paris, et j'ai planté ma tente
Dans ce Val dont le charme a rempli mon attente.
Ce pays primitif où l'or est inconnu
A quelque chose encor de grave et d'ingénu.
Ici l'on croit en Dieu ! vers le soir, c'est le père
Qui dans chaque maison récite la prière ;
Le fils respectueux croit qu'avec plus d'égards
Le ciel doit accueillir les accents des vieillards,

Et qu'auprès du Seigneur devant plus tôt paraître,
Leurs vertus ont des droits près du Souverain Maître.

Soulager l'infortune est un plaisir exquis ;
Je suis le confident des pauvres du pays !
Maintenant tout me charme au sein de la campagne :
J'aime à voir le soleil éclairer la montagne,
Puis je vais chercher l'ombre au bord d'un frais ruisseau,
Et je relis Virgile, ou je prends mon pinceau.
Dans le séjour des champs notre âme se repose ;
La poésie est là mêlée à toute chose !
On éprouve un bien-être, un sentiment heureux
Qui donne à nos pensers un cours plus généreux !
C'est pour nous que Dieu fait cette chaleur croissante
Qui seule donne aux blés la force nourrissante ;
Les glaces de l'hiver retardent les épis,
Que les vents printaniers auraient anéantis !
Tout est si bien prévu par la bonté céleste,
Que se trop tourmenter nous est plutôt funeste !
Laissons donc le Seigneur pourvoir à nos besoins,
Sans agiter nos cœurs par d'inutiles soins !
On se plaint du soleil, on se plaint de la pluie,
L'hiver vous est pénible et l'été vous ennuie ?
Eh ! que m'importe à moi le temps ou la saison,
Puisque toujours le ciel couronne l'horizon !
Et Dieu sait mieux que nous ce qu'il faut à la terre.
L'orage emporte au loin un courant délétère ;
La rosée est l'espoir des champs de sarrasin,

Il fait chaud?... le soleil va mûrir mon raisin.
La pluie a rafraîchi la nature altérée,
Et ma grange renferme une moisson dorée.
Les pauvres du pays y puiseront toujours
Un refuge assuré contre les mauvais jours!
Que je serai joyeux de rendre l'espérance
A l'honnête indigent accablé de souffrance...
Et de voir les soucis disparaître d'un cœur
Si longtemps accablé par le poids du malheur!

Je m'en vais au hasard, errant dans la campagne,
Suivi du chien danois qui toujours m'accompagne :
Je pèse les épis, j'interroge les blés,
En faisant un bouquet des bluets étoilés.
La terre a des beautés aux profanes cachées,
Que l'on regrette un jour de n'avoir pas cherchées!
Que j'aime, vers le soir, à rêver longuement!
Les astres ont pour moi je ne sais quel aimant...
Le ciel a des secrets qu'il est doux de connaître;
Les astres, quand tout meurt, seuls peuvent reparaître.
Quel mystère imposant! J'espère que ces feux
Dont l'éclat affaibli se révèle à nos yeux
Sont les âmes des morts... et leur douce lumière
Revient visiter ceux qu'ils aimaient sur la terre!
M'étant toujours flatté de leur protection,
Mon âme s'abandonne à son émotion!
Les savants se riraient de cette défaillance;
Moi poète, qui suis heureux de ma croyance,

Je goûte des plaisirs qu'ils ne connaissent pas
Et que ne peut donner la règle ou le compas!
Quel poëme rempli d'une grâce rêveuse
Le rossignol soupire auprès de sa couveuse,
Et quel charme la nuit prête aux oiseaux chanteurs!
Nos concerts les plus beaux ne valent pas les leurs!
L'alouette a des chants qu'on finit par comprendre;
Sa voix est si légère et sa plainte est si tendre!
Son hymne matinal est un élan d'amour;
Elle aime la lumière et célèbre le jour!

Je consacre, l'hiver, ma soirée à l'étude,
La poésie encor charme ma solitude!
Ah! que les bruits du monde ont peu d'attrait pour moi!
Leur souvenir fatal me cause de l'effroi!
Que ne puis-je reprendre à mes jeunes années
Ces heures de plaisirs follement égrénées!...
Mais j'oublie en rêvant les fleurs de mes jardins,
Et les cygnes privés lutinant les ondins!
Mon bon curé non plus n'a pas eu ma visite;
C'est un pieux devoir dont mon âme profite.
Je n'ai jamais quitté ce prêtre du Seigneur,
Ce ministre du ciel, sans me croire meilleur!
Il est dans sa parole une douce puissance
Qui, sans effort, sans lutte, obtient l'obéissance.
Il faut auprès de lui croire, aimer et prier!
Mes doutes dans son cœur vont se réfugier!
Il m'explique le sens du rite et du symbole,

Et mon âme s'élève à sa douce parole!

C'est dans nos entretiens que j'ai puisé l'oubli

Des rêves insensés dont mon cœur fut rempli!

Parfois errant tous deux du rivage à la plaine,

L'Océan nous mouilla de son humide haleine.

Nous respirons cet air alcalin vif et pur,

En contemplant des flots le magnifique azur!

Et nous suivons des yeux une voile rapide,

Comme l'oiseau des mers dans sa course intrépide!

Le vieux prêtre a gardé tant d'âme et de candeur,

Que je me laisse prendre à sa naïve ardeur!

Il a l'enthousiasme et le feu du jeune âge,

Une sainte espérance ennoblit son visage.

Montrant la mer, le ciel et son brillant flambeau,

Il dit avec ferveur : « Mon ami, que c'est beau!

« Jamais par tant d'éclat et de magnificence

« Dieu ne nous a montré sa grandeur, sa puissance.

« Auprès de l'Océan qui peut demeurer froid?

« L'âme la plus impie y puiserait la foi! »

Le Recteur a pas lents retourne au presbytère,

Ou vaquer aux devoirs de son saint ministère;

Le quittant à regret, mais le cœur plein d'espoir,

Je regagne en rêvant mon antique manoir.

Je rentre, et je bénis le Seigneur, qui m'envoie

Cet ange de bonté pour m'enseigner sa voie,

Et je m'endors heureux d'avoir enfin trouvé

Ce calme de l'esprit que j'ai longtemps rêvé!

Ceux que le monde attire et retient et captive
Ne connaîtront jamais, dans leur vie inactive,
Ce doux ravissement, ce candide bonheur
Dont la source est vivace au fond de notre cœur !
On va chercher au loin, par des efforts extrêmes,
Une félicité que Dieu met en nous-mêmes !
Ah ! pourquoi se créer de factices désirs,
Perdre son existence en coupables loisirs ?...
On ne laisse après soi rien de grand, rien de stable.
Qu'importe l'avenir, on bâtit sur le sable !
On marche à la vapeur, luttant, courant toujours,
On ne se sent pas vivre, on dévore ses jours !
Et quand le terme est proche, on n'a rien fait d'utile,
Le passage en ce monde était vide et futile.
On voudrait au passé reprendre soixante ans,
Recommencer la vie... hélas ! il n'est plus temps !
Une morne tristesse appesantit notre âme,
Et l'on s'efforce en vain d'en rallumer la flamme.
Inutiles efforts !... c'est un foyer éteint ;
Le soir n'a rien gardé des rayons du matin !
On n'emplit pas deux fois la coupe de la vie !
La jeunesse s'envole et n'est pas assouvie !
Mais à la retenir nous perdons notre temps,
Et l'automne se passe à pleurer le printemps !
L'hiver s'avance alors avec son froid cortège,
Les regards obscurcis, le front couvert de neige,
Le cœur plein de regrets, osant peut-être encor
Songer à l'avenir en face de la mort !

Et quand son bras se lève et nous force à la suivre,
On s'aperçoit trop tard que l'on n'a pas su vivre !

1869.


# LE SUICIDE.


Oh ! le lâche mortel qui déserte la lutte
Et, cherchant le repos avant la fin du jour,
Sans souci des malheurs que causera sa chute,
Rejette le fardeau qui lui semble trop lourd !

Au pécheur repentant Dieu fait miséricorde,
Et jamais à ses jours ne permet d'attenter !
La vie est un présent que le ciel nous accorde,
Et celui qui la donne a seul droit de l'ôter !

En vain dans son orgueil le suicide se drape ;
Son nom reste flétri par un blâme éternel !
Quel que soit son motif, cet homme qui se frappe,
D'innocent qu'il était devient un criminel !

Qu'un cynique, un athée osent nommer courage
D'un faux semblant d'honneur le sophisme insensé ;
Il fait à la morale un indicible outrage,
Et notre instinct du juste en demeure offensé !

Le courage consiste à montrer sa vaillance
En bravant du destin les injustes rigueurs !
A garder son esprit de toute défaillance,
Et même, bien souvent, à dérober ses pleurs !

Quel fardeau triste et lourd à léguer en partage
A ses fils éperdus de ce coup flétrissant,
Du nom d'un suicidé le lugubre héritage,
Stigmate ineffaçable imprimé dans le sang !...

Il faut, aux jours d'épreuve, appeler à son aide
La prière, l'espoir, sa propre dignité,
Respecter pour les siens le nom que l'on possède,
Et se montrer plus grand que son adversité !

Le suicide est impie, ainsi que le blasphème :
S'il n'est pas du cerveau l'incohérent transport,
C'est un lâche attentat aux droits du ciel lui-même ;
Dieu seul s'est réservé le secret de la mort.


## IVRESSE MATERNELLE.


Petit ange aux yeux bleus, mon enfant bien-aimé,
Viens sur mon cœur ému presser ta tête blonde,
Donne quelques instants à mon regard charmé ;
Pour te complaire, enfant, je donnerais un monde !

Tu me rends inconstante à ma première ardeur :
J'adorais mon époux et je ne croyais guère
Qu'un amour plus profond envahirait mon cœur...
Et pourtant tu m'as pris mon âme tout entière !


La mort avait un jour dévasté ma maison :
Deux anges comme toi ravis à ma tendresse
Avaient en s'envolant ébranlé ma raison...
Mon cœur qui se réveille a peur de son ivresse !


Je le sais, mon trésor, je t'aime follement,
Mais les pleurs ont usé les ressorts de ma vie ;
Aujourd'hui je renais dans un seul sentiment,
Mon âme ivre d'amour s'est enfin assouvie !


Mon Dieu ! ne punis pas un tel excès d'amour,
Ce fils est ton image, il est plus beau qu'un ange !
Quand tu me l'as donné, tu m'as rendue au jour,
Adorer mon enfant, c'est chanter ta louange !


Mon idole ! mon fils, je ne vis que pour toi !
Tout ce qui me plaisait me semble une chimère,
Je n'ai qu'une pensée, un objet, une loi,
Un titre ! il les vaut tous ! enfant, je suis ta mère !


Reste toujours petit pour m'aimer plus longtemps !
Je ne rêve pour toi ni gloire, ni conquête !

Les lauriers coûtent cher, les flots sont inconstants,
Moins on est élevé, moins on craint la tempête !


La haute mer subit les courants périlleux,
Laisse ton frêle esquif côtoyer le rivage ;
Les titres, les honneurs flattent les orgueilleux,
La plus légère chaîne est encor l'esclavage !


N'admets qu'avec prudence à ton intimité,
Les amis dévoués sont en bien petit nombre.
Si tu veux être heureux, cherche l'obscurité ;
Le bonheur est un fruit qui ne croît que dans l'ombre !


Plus tard, de mes leçons tu voudras t'affranchir ;
Ce monde que je fuis t'enchaînera trop vite.
Que du moins le Seigneur t'appelle à le servir ;
Il est beau de porter la robe du lévite !...


Quoi ! sans te consulter mon cœur sombre et jaloux
Dans l'avenir voudrait te tracer un modèle !
Sois ce que tu voudras, mon enfant, suis tes goûts,
Pourvu qu'à la vertu ton cœur reste fidèle.


Contre tous les dangers je veux te prémunir ;
Sois gai dans un salon, dans l'honneur sois austère,
Un passé sans remords assure l'avenir.
Que ta conduite annonce un noble caractère !

Je suis folle vraiment de te parler ainsi !
Ton esprit enfantin m'écoute sans comprendre...
Garde ton ignorance exempte de souci ;
Hélas ! trop tôt pour toi viendra l'heure d'apprendre !

Petit ange aux yeux bleus, reste encor près de moi,
Quand je ne te vois pas, mon cœur troublé s'alarme,
Mon bonheur est mêlé d'un sentiment d'effroi,
Et j'essuie en silence une tremblante larme !

A de folles terreurs que sert de me livrer !
Je ne dois plus songer qu'à charmer ton enfance,
Le ciel qui me sauva m'ordonne d'espérer,
Après tant de bienfaits, le doute est une offense.


## TOI ! TOI ! SEULEMENT TOI !

IMITÉ DE THOMAS MOORE.


Le coucher du soleil, les rayons de l'aurore,
Les heures de la nuit viennent, — je pense encore
     A toi ! toi ! seulement à toi !
Quand je vois mes amis et la foule enchantée ;
Quand les prix du combat sont donnés aux vainqueurs,
Tous ces bruyants plaisirs qui font battre les cœurs
Ne touchent pas le mien, et mon âme est hantée
     Par toi, toi, seulement par toi !

TOÏ, TOI, SEULEMENT TOI

Ah! pardonne-moi l'heure où j'ai rêvé la gloire.

Le réveil m'a prouvé que je ne devais croire

> Qu'en toi, toi, seulement en toi!

Comme on voit sur la rive un esquif solitaire

Poussé vers l'Océan pour y rester toujours,

Les scènes de ce monde ont poursuivi leur cours;

Pour moi, je ne sais rien; je ne vois sur la terre

> Que toi, toi seule, et rien que toi!


Oui, ma joie est toujours par ta joie augmentée,

Et douce est la douleur quand elle est apportée

> Par toi, toi, seulement par toi!

Ce charme sans égal que tu m'as fait connaître

Vaut tout ce qu'ici-bas les savants m'ont appris.

Le monde sur mon cœur peut jeter ses mépris;

Mais quant à le briser, il ne peut jamais l'être

> Que par toi, seulement par toi!

1836.


## LA MIGRAINE.


Il est un mal aigu qui, répété sans cesse,

Jette sur l'existence un voile de tristesse.

Ce fléau redoutable exerce un dur pouvoir;

Ceux qu'il frappe ont souvent des jours de désespoir :

C'est la migraine, hélas! et sa torture extrême,

Dont la cause inconnue est encore un problème,

Son atteinte cruelle et ses fréquents retours
Sans guérison possible assombrissent nos jours!
Rien n'en peut délivrer, tandis que tout la donne.
Aussi la Faculté s'y perd et l'abandonne.
Un jour, un ignorant trouvera, par hasard,
L'antidote malin qui s'est joué de l'art.
On n'imagine pas les ennuis qu'elle entraîne.
Heureux est le mortel qu'épargne la migraine!
Un sylphe bienfaisant lui durcit le cerveau,
Et du bout de son aile en noua l'écheveau.


On a tout essayé contre l'hémicranie,
Sans avoir pu jamais vaincre sa tyrannie :
Il serait plus aisé d'enchaîner l'aquilon,
Ou de voir un torrent remonter le vallon.
Pourtant on veut guérir... Jamais la confiance
N'abandonne un malade... il croit à la science :
On demande l'espoir à tous les charlatans,
Dont les programmes sont aussi faux que tentants;
L'eau claire fait merveille en homéopathie;
Le magnétisme ordonne un gros de sympathie.
Certaine poudre encore a parfois du succès,
Mais le julep bientôt en augmente l'accès;
Ceux qui n'en souffrent pas, pour comble d'injustice,
La traitent sans pitié de vapeurs, de caprice.
Souriant à ces mots d'un petit air cruel,
Ceux qui parlent ainsi doivent bénir le ciel...

S'ils pouvaient un seul jour connaître nos tortures,
Ils prendaient en pitié de pauvres créatures!...

Si la migraine accorde un instant de repos,
Presque toujours l'accès tombe mal à propos.
Elle aime à tout gâter. Cette fièvre incurable
Est de tous nos projets l'hôtesse inséparable.
Il faut la subir même avec crainte et douceur!
Et qui veut la combattre en double la noirceur!
Peut-être est-ce la fée hostile et contrefaite
Qui venait au dessert interrompre la fête
Et qui, pour se venger de l'oubli paternel,
Infligeait au marmot un stigmate éternel.
La migraine, au théâtre, augmente d'insolence;
Les concerts, la chaleur doublent sa violence.
Ses martyrs savent bien ce qu'elle a de tourments
Et prête de torpeur à tous les sentiments!
Tant que sa rage dure et n'est pas assouvie,
On demeure insensible aux choses de la vie :
A l'heure de la crise, on verrait sans effroi
La lune et le soleil s'abîmer devant soi,
La terre s'ébranler, en quête de ses astres,
Sans daigner s'attendrir de ces graves désastres!

Ce mal invétéré, si douloureux toujours,
Est un foyer latent qui dévore nos jours.
Pour frapper tout devient un prétexte à sa rage;
Son terrible aiguillon se dresse aux jours d'orage;

Il nous brise, il nous met dans un état nerveux,
Et longtemps avant l'âge il blanchit nos cheveux!
Même en ne souffrant pas on pressent la migraine;
Elle domine tout, et rien ne la refrène.
Dans cette heure joyeuse où je veux m'insurger,
Je sens que la traîtresse est prête à se venger :
Elle semble aux aguets pour saisir sa victime!
On vit frugalement, on se met au régime,
On se prive, on s'abstient pour éviter ses coups :
Rien ne peut conjurer l'effet de son courroux!
Quand le mal va venir, j'ai froid, mon sang se glace;
Les chants, le bruit des pas, tout me blesse et me lasse;
Ma tête est un volcan, j'ai les yeux à l'envers;
Et, pour comble de maux... je suis en butte aux vers!...
L'hémistiche moqueur se rit de la mesure,
La rime se révolte et raille la césure.
Vainement je veux fuir ces démons familiers,
Dans ma tête éperdue ils dansent par milliers!
Peut-être est-ce un effet produit par la migraine,
Mais souvent plus je souffre, et plus je suis en veine!
Ma pensée en travail, franchissant l'horizon,
Aspire à des hauteurs d'où s'enfuit la raison.
Elle erre à l'aventure et trouve des royaumes
Que la poésie aime à peupler de fantômes!
Le délire m'accable et la douleur s'accroît
Par les empressements d'un zèle maladroit.
Mais il faut achever ma douloureuse histoire,
Qui ne saurait toucher un sceptique auditoire.

Pourtant à la migraine il faut se résigner ;
Il n'est pas sans danger de vouloir l'éloigner !
Après bien des efforts, parfois on la déplace ;
Le mal change de nom et n'a que plus d'audace.
Puisque je dois souffrir sans trêve et sans repos,
Je cherche dans l'étude un refuge à mes maux.
Je veux croire que Dieu — j'en garde l'espérance —
Voudra bien me compter tant d'heures de souffrance,
Et qu'après les tourments de mon rapide été,
L'âge m'apportera le calme et la santé !


## BOUTS-RIMÉS.

UNE JEUNE FILLE.

Son sourire à chacun offre la — bienvenue,
Ses yeux ont la douceur et l'éclat du — satin ;
On se laisse charmer par sa grâce — ingénue ;
Ses cheveux sont bouclés sur son épaule — nue.
Elle était pour mon cœur l'étoile du — matin.
Mais la souffrance a clos cette bouche — folâtre,
Et nous n'entendrons plus ses rires — enfantins.
L'ange n'est plus qu'une ombre, un mal — opiniâtre
Creuse sous sa paupière une ligne — bleuâtre ;
Sa bouche est sans sourire, et ses yeux sont — éteints.

1865.

### A UN POÈTE

O poëte! bénis le ciel et la — fortune!
La muse à ta naissance a sacré ton — berceau.
Jamais sa douce voix ne te semble — importune.
Le don de poésie est le chant de — l'oiseau ;
On le tient de Dieu même, il n'est pas de ce — monde.
Dédaigné des railleurs, il est divin — pourtant!
Poète! chante encore!... et quand le canon — gronde,
Nouveau barde, au péril mène le — combattant.

### LE MASQUE DE FER.

Misérable jouet de l'aveugle — fortune,
Proscrit et prisonnier, j'ai depuis le — berceau
Traîné péniblement une vie — importune.
Que n'ai-je pour m'enfuir les ailes de — l'oiseau !
O ma mère, pourquoi me dérober au — monde?
La louve aime, dit-on, son louveteau — pourtant!
Et vous ne m'aimez pas!... Lorsque le canon — gronde,
Si je pouvais, du moins, mourir en — combattant!

### BONHEUR.

La muse me sourit, ainsi que la — fortune ;
Elles ont, tour à tour, veillé sur mon — berceau.
Dans mon heureux destin pas de voix — importune.
Je chante pour chanter, libre comme — l'oiseau !

L'étude me soustrait aux vains plaisirs du — monde.
J'adore la science, et le cache — pourtant !
Que de fois je me dis, quand le tonnerre — gronde :
« Franklin fut le vainqueur d'un rude — combattant ! »


## A MADAME B...

Vous êtes seule ici, loin de votre famille,
Lorsque soixante hivers ont blanchi vos cheveux !
Où sont tous vos amis ? N'avez-vous plus de fille
Pour essuyer les pleurs que je vois dans vos yeux ?
Parfois il est des jours où l'âme la plus forte
Éprouve un vide affreux que rien ne peut combler.
Vers d'heureux souvenirs quand elle se reporte,
C'est un rayon d'en haut qui vient la consoler !
Recherchez le passé, si la vie est amère,
Vous verrez qu'il pourra soulager votre cœur.
Vivre de souvenirs n'est pas une chimère,
C'est l'oubli du présent, si ce n'est le bonheur !
1836.

## RÉPONSE DE MADAME B...

QUINZE JOURS AVANT SA MORT.

Toi qui joins la grâce au talent,
Aimable sœur de Polymnie,
Que tu peins bien le sentiment
Et les doux charmes de la vie !

Avec ta muse de quinze ans,
Tu cours vite encore au Parnasse.
Ma muse de quatre-vingts ans
Ne saurait te suivre à la trace !

Décembre 1836.


## FOLIE.

### IMITÉ DE TH. MOORE.

« Elle est belle ! » Et pourtant votre cœur ne bat pas.
« Elle a beaucoup d'esprit ! ! ! » Mais c'est chose frivole ;
Ce sont là de vains mots, dit la raison, hélas !
Moi, j'ai toujours pensé que la raison est folle.
« Elle est charmante ! » alors dans sa fraîche saison.
Respirez cette fleur fugitive et jolie ;
L'amour raisonne mieux que la froide raison !
La raison est plus folle encor que la folie !

1838.


## QUESTION D'ARGENT

Et, sans s'inquiéter d'où la laide venait,
Il sut, c'en fut assez, l'argent qu'on lui donnait !

Esther n'accuse que vingt ans ;
Ce sont de fabuleux printemps,
Peu d'accord avec son visage :
Il en trahit bien davantage !

Dans son aspect disgracieux,
Tout choque le goût et les yeux !
Quelle triste caricature
Que cette pauvre créature !
Sa bouche est un immense four
Qui doit épouvanter l'amour !
De son nez la croissante audace
Sans pudeur a pris trop de place !
Ce large et vaste champignon
D'un nez n'a vraiment que le nom !
Et, de plus, sa couleur vineuse
Achève de la rendre affreuse !
Ses yeux petits et renfoncés
Par la vrille semblent percés ;
Du moins s'ils révélaient une âme...
Mais ils n'ont ni rayons, ni flamme !
De son teint je ne parle pas,
Il met le comble à tant d'appas !
Son front, d'une rare souplesse,
Constamment se lève et s'abaisse !
Tel est le monstre enjuponné
Auquel Robert s'est condamné !
Comment alors l'a-t-il choisie
Pour lui verser son ambroisie?...
C'est... qu'elle est belle au possessif,
Sous un masque d'argent massif !
Et c'est ainsi que l'or achève
Ce qui devrait être un doux rêve !

Ah ! que je plains le malheureux !
Le mari !... Détournons les yeux !
La nature humaine est bien vile
Quand l'argent est son seul mobile !


Mais dans ce siècle tout se vend ;
C'est de l'or que souffle le vent !
Le scrupule est une faiblesse !...
L'un trafique de sa noblesse
Et, pour relever sa maison,
Aux enchères met son blason !
L'autre, en insultant à sa race,
Se fait gloire de son audace.
L'antique respect des aïeux
Était du moins noble et pieux :
Le culte de l'or a fait taire
L'orgueil de caste héréditaire ;
Il inspirait les dévouements,
L'héroïsme des sentiments,
Le respect de soi, le courage,
Toutes ces vertus d'un autre âge,
Dont on sait à peine le nom !
Elles ont fui devant Mammon !
Pauvre siècle d'or et de boue,
A quelle bassesse on te voue !
Non, l'or n'est plus un vil métal,
C'est maintenant l'agent vital

Qui dirige tout dans un monde
Où l'effrayant cynisme abonde !
Le torrent s'avance toujours.
Qui peut en suspendre le cours ?
O siècle bizarre et fantasque,
Les moins hardis jettent le masque !
De l'autre côté des moulins
De bonnets les fossés sont pleins !...
Où te conduira tant d'audace ?
Quel sombre avenir te menace !
Renonce à ta vénalité,
O peuple aveugle et démâté !


## FRAGMENTS.


Que votre cœur est noble, et que votre âme est belle !
Le chagrin n'a pas fait de vous une rebelle.
Votre haute vertu s'accroît par le malheur !
Le sort, en vous trouvant digne en tout de vous-même,
Ne peut à votre bouche arracher un blasphème,
     Qu'aurait démenti votre cœur !


Le destin sur vos jours a soufflé la tempête ;
Mais à tous les revers votre âme semble prête,
Rien n'en peut ébranler la sauvage grandeur !
Le ciel même, en pitié prenant votre agonie,
Voulut — est-ce un bienfait ? — grandir votre génie
     Des tortures de votre cœur !

Comme il fut déchiré dans son amour de mère !
La mort prit dans vos bras cette fille si chère,
Un ange ! qui semblait déjà rêver le ciel !
D'une trempe sublime un Dieu forma votre âme ;
Et si le désespoir en redouble la flamme,
   Votre douleur n'a pas de fiel !
  1839.


## POÉSIE.


Poésie ! ô doux bien dont notre âme s'enivre,
Ta dévorante ardeur nous charme et nous fait vivre !
Sur les bords de ta coupe on trouve l'idéal !
Muse ! chaste beauté, compagne du poète,
Des pensers délicats la plus noble interprète,
Tu portes fièrement ton sceptre sans rival !


Dans le vague des nuits berce tes rêveries,
Demande le repos aux gazons des prairies ;
Va chercher le silence au fond des bois ombreux !
Si le monde te blesse, et si tu fuis la foule,
Écoute du torrent l'onde qui se déroule
Tomber sur les rochers en flocons vaporeux !


Des intérêts mondains défends ton âme austère.
Toi qui vis dans le ciel, que t'importe la terre,
Ses folles vanités, ses projets insensés ?...
Dans les chemins poudreux ne ternis pas tes ailes ;

POÉSIE

Garde ton rang sacré parmi les immortelles,
Dédaigne le vulgaire et ses calculs glacés !


O muse du printemps, montre-nous ton empire,
Souris au vrai poète, et que l'amour l'inspire !
C'est l'heure du berger et des tendres aveux...
Moissonne les coteaux ; que les fleurs de la lande
Sur ton front inspiré s'enroulent en guirlande ;
De leurs brins embaumés parfume tes cheveux !


Dans les sentiers fleuris cueille la marjolaine ;
Admire ta beauté dans l'étang de la plaine.
La lune envoie au loin son plus tendre rayon.
Aux accents de ta lyre éveille tes compagnes ;
Conduis les chœurs sacrés par delà les montagnes,
Et Diane oubliera l'heure auprès d'Endymion.


De la Grèce et de Rome évoque le génie,
Toi qui sus inspirer les fils de l'Ionie :
Linus, le vieil Homère, Orphée, Anacréon,
Pindare au vol superbe, ainsi que la pléiade,
Sapho l'inconsolée, et qui cherche à Leucade
L'oubli du fol amour que dédaignait Phaon.


Muse des prés en fleur, des bois et de l'idylle,
Muse de Théocrite, amante de Virgile,

Toi qui charmais Horace aux jardins de Tibur,
Des plaisirs de nos champs gracieuse interprète,
Appelle nos bergers pour célébrer ta fête,
Chante les gerbes d'or, les ruisseaux, le ciel pur !

Cueille le blond cytise et la rose vermeille,
L'iris aux doux parfums dont s'enivre l'abeille ;
De la saison riante emprunte les couleurs ;
Un soleil lumineux inonde la rivière ;
Cherche, comme l'oiseau, tes champs dans la lumière,
Dans la vie et l'amour, dans la nature en fleurs !

Voulant peindre un bonheur qui n'est pas éphémère,
Tu chantes les plaisirs de cette jeune mère
Et l'ange du foyer endormi sur son cœur !
La vertu dans l'amour de joie environnée,
Le rêve dans le vrai ! Muse de l'hyménée,
Pour le mieux célébrer sur un mode vainqueur...

Chante un couple béni de l'amour, de Dieu même,
Deux êtres dont le cœur refait ce doux poème
Aussi vieux que le monde et qui ne vieillit pas...
Livrer toute son âme à la plus chaste ivresse,
Chérir sa passion, vivre de sa tendresse,
N'est-ce pas l'idéal du bonheur ici-bas ?

Délices d'une ardeur si vraie et si profonde,
Que le ciel sanctifie et qu'approuve le monde,

C'est au foyer divin que tu puises tes feux !
Enchantements du cœur, tendresse inassouvie
Lorsque vos doux rayons illuminent la vie,
On peut, sans trop d'erreur, déjà rêver les cieux !


## BONHEUR PERDU!

### LA REINE VICTORIA.

Le sort l'avait dotée avec magnificence :
Tous les dons de l'esprit, les talents, la puissance.
Son royal hyménée eut ce rare bonheur
Que le choix d'un époux fut dicté par son cœur.
Tous les biens qu'on envie à joindre au diadème :
La jeunesse et l'amour ! C'était un lot suprême !
Elle possédait tout, et sa félicité
Trouva son dernier mot dans la maternité !
Si l'amour enivra la jeune souveraine,
La sagesse dictait les conseils de la reine !
De sa vie il sembla qu'elle avait fait deux parts :
L'une pour son pays, visible à ses regards.
Noble dans sa conduite et dans sa politique,
Joignant à son pouvoir le sceptre asiatique,
Elle sut maintenir son peuple au premier rang
Et contint dans la paix son esprit conquérant.


Lorsque la souveraine avait fini son rôle,
De son manteau de cour délivrant son épaule

Et quittant de Windsor les royales splendeurs,
Elle allait en Écosse oublier ses grandeurs !
On rencontrait le soir, par la joie animée,
Au bras de son époux la jeune Reine aimée !
Et portant une écharpe aux couleurs des Stuarts,
Elle écoutait les chants de ses chers montagnards ;
Tous deux trouvaient l'Éden dans cette solitude !
Là, comme une humble femme, aux beaux-arts, à l'étude,
L'héritière des rois demandait ses plaisirs.
Quel charme et quel repos dans ces simples loisirs !
Comme Victoria s'y livre avec délices !
Vivre pour lui, pour elle, au gré de son caprice,
Quel suprême bonheur !... Dans le sentier royal,
D'ordinaire si froid, rencontrer l'idéal !...
Il était là, donnant l'essor à sa pensée,
La moitié de son âme à sa vie enlacée !
Lui, l'époux adoré, le maître de son cœur,
Lui que la souveraine appelle son seigneur !
Et, sur le front d'Albert posant le diadème,
Elle n'a qu'un souci : plaire à celui qu'elle aime !
C'est qu'ils ne faisaient qu'un, et leur tendre union
S'appuyait sur l'estime et la religion !
Spectacle vraiment beau qu'avec joie on contemple !
De toutes les vertus elle donnait l'exemple !
Dans un tableau touchant de cet hymen béni,
La Reine a retracé ce bonheur infini,
Cette félicité dont le charme l'inonde,
De vivre l'un pour l'autre et d'oublier le monde !

O jours de Balmoral, qu'êtes-vous devenus ?
Saisons d'enchantement qui ne reviendrez plus !
De longs crêpes de deuil, le trépas avant l'heure
A voilé pour jamais la royale demeure !
Automnes !... vous étiez plus doux que des printemps !
Vos soleils sont pâlis, glacés par les autans !
La Reine suit sa voie avec persévérance,
Mais la veuve gémit et n'a plus d'espérance ;
La mort a d'un seul coup brisé tant de bonheurs !
Deuil dont le temps jamais ne séchera les pleurs,
Deuil du front couronné qui régit l'Angleterre,
Larmes ! dernier bonheur d'une grande âme austère,
De respect devant vous chacun est pénétré !
Un éternel regret a toujours honoré
Et celle qui l'éprouve et celui qui l'inspire !
Le livre de la Reine aux Anglais semble dire :
« Si le destin m'a fait large part de bonheur,
« J'ai payé chèrement ma dette à la douleur !
« Quand mon âme succombe en cette rude épreuve,
« Comprenez votre reine et priez pour la veuve ! »

  1868.


# PRIMAVERA.

### LA PAQUERETTE.

Marguerite des champs, beauté de nos prairies,
Tes oracles si doux bercent mes rêveries !
Cher devin, en secret j'aime à t'interroger ;
Réponds-moi ! de son cœur es-tu le messager,

Et son amour a-t-il choisi pour interprète
De ton calice d'or la couronne indiscrète ?
Il m'aime ! un peu... beaucoup ; mais ce n'est pas assez...
Passionnément !... Ah ! mes vœux sont exaucés !
Est-ce bien vrai, sibylle ?... Oserai-je te croire ?...
Ou suis-je le jouet d'un oracle illusoire ?...
O blanche marguerite ! embellis le gazon ;
Hâte-toi de fleurir, et crains la fenaison.
Avant de t'effeuiller, sûre de sa conquête,
La bergère se mire et sourit... la coquette !
Si tu ne dis le mot que son cœur a dicté,
Bien plus que ton oracle elle en croit sa beauté.
Ton charme sibyllin, pensive marguerite,
Des cœurs naïfs et purs te fait la favorite !
Douce reine des prés, messagère d'amour,
Étoile du printemps, tu fêtes son retour.
Perdue au sein de l'herbe, oubliée et froissée,
O pâquerette, hélas ! la faux t'a renversée !
Et toi qui tous les ans annonces le bonheur,
Déjà tu te flétris sous la main du faneur !
Comme la marguerite ainsi la beauté passe,
Et comme elle souvent ne laisse pas de trace !


Quelques fleurs ont un rôle à jouer ici-bas.
De tout temps les lauriers sont le prix des combats.
La royauté de France est de lys fleuronnée...
L'oranger embellit les robes d'hyménée,
Et de l'amour le myrte est le présage heureux !

La simple pâquerette est chère aux amoureux...
La rose est accordée à la plus vertueuse,
Des soins de la maison l'enfant respectueuse!
La violette était au grand Napoléon,
Le superbe héros digne du Panthéon!
Ses merveilleux exploits semblent de l'hyperbole.
De la Vierge le lys est encor le symbole!
Son image est souvent peinte sur les vitraux.
Quatre fleurs sont les prix donnés aux Jeux floraux.
A quelque noble reine, offerte dans l'année,
Echoit la rose d'or par le Pape donnée!...
Du marquisat les fleurs couronnent l'écusson;
Mais je n'en parle pas, j'ai fini ma moisson.


## SOUVENIRS.


J'ai connu deux époux dont l'égale tendresse
Donnait à leurs discours l'accent d'une caresse.
Lorsque dans la campagne ils passaient tous les deux,
Chacun avec respect s'inclinait devant eux!
Ils possédaient la foi, jointe au savoir suprême,
Celui qu'on n'apprend pas, mais qu'on trouve en soi-même.
Ils étaient l'un à l'autre avec tant d'abandon,
Chacun d'eux éprouvait un amour si profond,
Qu'il semblait, en voyant cet homme et cette femme,
Que, nés du même souffle, ils ne formaient qu'une âme!

Quand avril fleurissait, quand les mêmes penchants
Les avaient ramenés à leur maison des champs,
Dans ce monde léger où tout glisse et s'efface,
De leur douce existence ils retrouvaient la trace.
Le souvenir nous rend ce qui nous a charmés;
Ils avaient vieilli là, dans ces bois parfumés.
Que de jours ils passaient dans cette solitude,
Occupés de beaux-arts, de lecture et d'étude!
L'esprit était chez eux de semblable hauteur;
Des mêmes sentiments Dieu composa leur cœur!


Je les surpris, un soir, causant sous la feuillée;
Le beau ciel avait fait prolonger la veillée.
Il dit : « Voilà l'été qui va bientôt finir;
« C'est triste, quand la vie a si peu d'avenir!
« Temps jaloux! contre toi nul n'a trouvé des armes! »
Au milieu d'un sourire elle essuya deux larmes :
« Il n'y faut pas songer », dit-elle à son époux,
« Puisque tant de bonheur fait le chemin si doux!
« Et si nous sommes vieux, nous nous aimons encore.
« Le soir de notre vie est doux comme l'aurore!
« Sept lustres de bonheur, de constance et d'amour
« Dans mon âme attendrie ont passé comme un jour!
« Mon cœur est resté jeune, et ta douce tendresse
« M'entoure encor des soins qui charmaient ma jeunesse!
« Je pourrais m'oublier dans ce rêve enchanté;
« Mon miroir me ramène à la réalité!

« La vieillesse est venue, elle a touché la femme,
« Elle alanguit mes pas sans effleurer mon âme.
« Si tu m'aimes toujours, si pour toi j'ai vingt ans,
« Le reste ne m'est rien! Qu'importe que du temps
« Sans me laisser troubler j'éprouve le dommage,
« Si ton cœur a gardé ma jeune et fraîche image! »
« — Chère femme!... » dit-il en lui baisant la main.
Et de leur vieux manoir ils prirent le chemin.

    1874.

Hélas! l'un d'eux n'est plus!... Au fond de sa demeure
L'autre le cherche encor, se désespère et pleure!...

    1875.


## L'OUBLI.


La perfide semblait partager mon amour;
Comme elle cachait bien sa magie abhorrée!
Quand je fus son esclave, elle a fui sans retour,
Me laissant triste et seul, l'âme désespérée!


Je viens revoir mes champs et le toit paternel;
Je cherche le repos, l'oubli, l'indifférence...
L'oublier!.... j'en ai fait le serment solennel,
J'en ai la volonté bien plus que l'espérance!


Je sens se réveiller mes esprits abattus.
Qu'un noble souvenir me ranime et m'enflamme.

De mon père il me faut imiter les vertus.

Je n'étais plus moi-même aux pieds de cette femme !

Parfois je vais m'asseoir sur le rocher voisin,

Qu'un chevreau solitaire a choisi pour demeure.

Les merles en chantant s'enivrent de raisin,

Et moi, je les regarde... insoucieux de l'heure !

Je me surprends encore à pleurer mon amour.

L'oubli... c'est un bonheur qu'on paye avec ses larmes !

Pour aimer la perfide il a suffi d'un jour,

Que de temps il faudra pour oublier ses charmes !

1862


# PORTRAIT.


Ses yeux où rayonne la flamme,

Pleins de douceur et de fierté,

Sont bien l'image de son âme :

Le calme joint à la bonté !

Ce cœur aimant jamais ne change,

Les pauvres bénissent son nom ;

C'est un ange !... oui, mais cet ange

A de l'esprit comme un démon !

1862.

## PORTRAIT-ACROSTICHE.

Esprit fin et charmant, complaisance et bonté ;
Unissant au savoir la douceur et la grâce ;
Généreux et sensible, aimable avec gaieté,
Et, malgré tous ces dons, un plus vrai les surpasse :
Ne devinez-vous pas que son plus grand attrait
Est qu'il ignore seul que c'est là son portrait ?

1852.

## L'INDOLENTE.

Qu'on ne me parle pas de réveil matinal ;
L'aurore n'a jamais été mon idéal.
C'est une évaporée entrant sans qu'on l'appelle,
Et je ne voudrais pas me commettre avec elle !
En vain son œil folâtre effleure mes volets ;
Elle ne m'a pas prise encor dans ses filets !
Il m'importe assez peu qu'elle ait des doigts de rose,
Je n'ai pas le dessein d'examiner la chose !
L'aurore, à mon avis, se lève trop matin !
Il faut, pour l'estimer être un Bénédictin ;
Mais moi qui n'ai jamais compulsé ni mémoires,
Ni manuscrits poudreux, ni fantasques grimoires,
Je hais l'impertinente et lui tourne le dos.
Cachée à ses rayons sous mes épais rideaux,

J'aime à me reposer toute la matinée,
Et commence toujours assez tôt ma journée !
L'alouette n'est pas mon oiseau favori.
Pourquoi jeter dès l'aube un lamentable cri ?...
L'hiver aux longues nuits nous venge de l'aurore,
De son voile de brume il couvre la pécore
Et nous en débarrasse au moins jusqu'au printemps !
Aussi, j'estime fort la saison des autans !

On ne m'a rien appris, je ne sais pas grand'chose,
Et cependant sur tout très aisément je cause !
*Figaro* m'entretient des nouvelles du jour,
Des hauts faits des sportsmen, des histoires d'amour.
Quant aux vers, à quoi bon ! Ce n'est pas mon affaire,
Et sauf l'infortuné qui s'obstine à les faire,
Nul ne s'amuse à lire Andrieux ou Chénier.
Comme un vieux meuble on met le Parnasse au grenier.
Parlez-moi de concerts, de modes et de courses !
De mille émotions, voilà de justes sources !
Mais un rimeur !... je cherche, et n'ai pu découvrir,
S'il plaît à quelques-uns, quel charme il peut offrir !...
J'adore la musique !... elle me berce, et j'aime
A l'entendre, mais non à la faire moi-même :
Il faudrait pour cela me donner trop de mal,
Et jamais d'un morceau je n'ai su le final !
Quoi ! de gaîté de cœur y prendre tant de peine !
Vite et fort me fatigue, et je crains la migraine !
La danse est le plus sot des plaisirs entre tous :

MOÏSE, DE MICHEL-ANGE

Les peuples d'Orient ont plus d'esprit que nous :
Ils fument installés sur la laine ou la soie.
Du milieu du nuage où leur regard se noie
Ils suivent les danseurs qui tournent devant eux.
Comprise ainsi, la danse est le plaisir des yeux.
Certes, ce n'est pas moi qu'on verra d'une gigue,
D'un galop, d'une valse affronter la fatigue !
Vivre étrangère à tout, c'est là le vrai bonheur.
Pour l'atteindre j'ai clos mon esprit et mon cœur.

1868.

## LA PRIÈRE DE MOISE.

A LA MÉMOIRE DE ROSSINI.

Il est une prière, un sublime cantique,
Une extase du cœur, un effluve mystique,
Un rêve d'harmonie, un chef-d'œuvre entre tous,
Si beau que l'on devrait l'écouter à genoux !
C'est l'ineffable chant des Hébreux, de Moïse,
A l'heure du départ pour la Terre promise.
Quels splendides accords ! quel début solennel !
Jamais plus noble chant n'est monté vers le Ciel !
Si j'en crois de nos cœurs l'émotion profonde,
Ce cantique est trop beau pour être de ce monde !
Quel céleste cachet à cet hymne sacré !
Non jamais Rossini ne fut mieux inspiré !
Un ange murmura ce chant à son oreille,
Voilà pourquoi cette œuvre est encor sans pareille.

Pauvres mortels épris de ce divin fanal,
De ce rêve éthéré qu'on nomme l'idéal,
Un homme l'a du moins trouvé dans sa carrière ;
C'est Rossini dictant la sublime prière !
Du Ciel dont elle vient elle a la majesté.
Quel grandiose effet dans sa simplicité !
Ce chant incomparable à l'idéal nous mène ;
Il est le dernier mot de la pensée humaine !
Nul autre comme lui n'effleura l'infini,
Et le monde n'a pas compté deux Rossini !
Cygne de Pesaro ! je plains Rome et la Grèce,
Qui n'ont pas entendu ton œuvre enchanteresse !
Celui que la douleur fit descendre aux enfers,
Qui fascinait la Thrace avec ses doux concerts,
Orphée auprès de vous eût perdu son empire.
Le chantre de l'Hémus aurait brisé sa lyre !
O vous à qui le Ciel a donné le pouvoir
De plaire, d'égayer, de charmer, d'émouvoir,
A vos divins accords les Muses d'Ionie
Vous auraient appelé : le Dieu de l'harmonie.


Quand vous avez rêvé ce beau chant des Hébreux,
Vous avez dû sentir quelque transport fiévreux.
Lorsque vous écriviez cette magnificence,
Un prodige sans doute en marqua la naissance !
Non ! vous n'avez jamais été mieux inspiré !
Sans orgueil votre cœur dut en être enivré !
L'ange de l'harmonie, aux sphères éternelles,

Vous aura dans un songe emporté sur ses ailes!
Vous vous êtes sans doute, — et ce n'est pas en vain, —
Rencontré face à face avec l'Esprit divin!
Un rayon du Très-Haut illumina votre âme.
Vous en avez gardé l'étincelle de flamme!
Mais comme lord Byron, ce génie indompté,
Vous êtes sans aïeux et sans postérité!
Les hommes tels que vous semblent naître d'eux-mêmes,
Et leur isolement est le fait des extrêmes!
C'est la loi! le génie est un présent du Ciel;
On ne le transmet pas, il est tout personnel!
Nul au même degré ne le reçut peut-être,
Et ce siècle superbe aime à le reconnaître!

On vit à l'horizon briller plus de trente ans
Cet astre radieux, la gloire de son temps!
Nos mères l'admiraient, nous l'admirions encore,
Et le soir de sa vie eut des reflets d'aurore!
Au milieu des honneurs d'un triomphe enivrant,
L'orgueil n'a pas troublé cet homme vraiment grand;
Il a pesé la gloire, il en connaît le vide,
Et c'est l'amour de l'art qui l'inspire et le guide!
L'harmonie en son cœur coule comme un ruisseau;
Pour lui, chanter c'est vivre, il ressemble à l'oiseau,
Ce doux poète ailé des riantes prairies...
Mais l'oiseau seulement chante aux saisons fleuries,
La neige et l'aquilon semblent glacer sa voix :
Rossini des hivers ne sentit pas le poids.

Le temps si doucement le toucha de son aile,
Que ses chants ont gardé leur jeunesse éternelle;
Les soucis des humains ne l'importunaient pas,
Et l'âge n'eut pour lui ni glace ni frimas.

1867.


# DÉLICATESSE.

### RÊVERIE.

Te souvient-il encore, en songeant au passé,
De ce charmant voyage ensemble commencé?
Tu laissais notre esquif aller à la dérive,
Le bonheur me rendait sérieuse et pensive...
Savourant près de toi ces heures de repos,
J'effeuillais doucement mon bouquet dans les flots.
La lune nous prêtait sa lumière tremblante,
Ta voix semblait émue et devenait plus lente...
Interroge ton cœur.... S'il garde un souvenir,
Peut-être ainsi que moi tu rêves d'avenir?...
Doux fantôme entrevu dans un jour d'espérance,
Et qui ne m'a laissé que regrets et souffrance!
Le monde a-t-il rempli ton cœur ambitieux?
N'as-tu pas regretté l'accord mystérieux
Dont le hasard semblait unir nos destinées?
Ivresses? loin de toi pour le monde entraînées!
Je n'ai pas oublié ce rêve d'idéal
Qui semblait de mon sort devenir le fanal!

Cette fleur à dessein sur la rive perdue,
Gage de souvenir de mon âme éperdue,
Ce serrement de mains, et ce dernier regard
Échangé sans contrainte à l'heure du départ!
Ah! ce qui t'a semblé peut-être une folie
Est mon rêve!... un de ceux que jamais on n'oublie!
Mon cœur jeune toujours tremble encore à ta voix!
Il ne veut, l'insensé! se donner qu'une fois!
J'ai dédaigné l'amour dont on m'offrait l'hommage,
Ne pouvant de mon âme effacer ton image!...
Ma famille n'est plus! Dans ce triste abandon,
Je pleure ton oubli, le cœur prêt au pardon!
Toi que j'aime toujours malgré ta longue absence,
A mon trouble il fallait deviner ta puissance.
Et ne devais-tu pas, cruel, à ton retour,
Demander à ma foi compte de notre amour,
En me retrouvant seule, attristée et rêveuse?...
Je n'ai pu l'obtenir de ton âme orgueilleuse!
Nous avons tous les deux un cœur timide et fier!
Je suis riche!... un bonheur que tu rends bien amer!
Ah! ce n'est pas à moi, dans cette épreuve extrême,
Si tu m'as oubliée, à dire que je t'aime!...
Comprends mieux les ennuis de ce cœur inquiet,
Ose, mon bien-aimé, deviner mon secret!...
J'ai vingt-six ans, mon âme a toute sa jeunesse.
Nous pouvons être heureux!... ton orgueil est faiblesse!
Nul ne blâme un hymen que l'amour a dicté!
Nos cœurs sont de niveau, si j'en crois ma fierté!

La fortune est aveugle et vend trop cher ses charmes,
Si je dois la payer du prix de tant de larmes !...
Songe à nos souvenirs tout parfumés d'amour ;
A tes vœux comme aux miens pourquoi demeurer sourd ?
Nous nous aimons encor, va ! tu ne sais pas feindre !
Quand le bonheur est là, quand nous pouvons l'atteindre...
L'insensé ! qui repousse en cette heure d'orgueil
Tant de joie et d'amour qui l'attendaient au seuil !
Ton cœur est le trésor le plus digne d'envie ;
Un seul mot, et je viens te consacrer ma vie,
Ou tu me forceras à croire, sans retour,
Que ton âme contient plus d'orgueil que d'amour !

     1858.

## QUÊTE.

Les pauvres par ma voix vous implorent, madame ;
On sait que leur misère a touché votre cœur.
Monsieur, la bienfaisance est le parfum de l'âme,
A celui qui l'exerce elle porte bonheur !

Amassez pour le Ciel des trésors véritables.
La foi donne du prix même au plus humble don,
Jésus sourit aux vœux des âmes charitables,
Et le Dieu de l'aumône est le Dieu du pardon !

Dans la mienne répands ta bourse, ô jeune fille !
Toi qui possèdes tout, donne à ceux qui n'ont rien !

Les talents, la beauté, l'amour de ta famille,
La fortune, dis-moi, te manque-t-il un bien ?


Non ! le Ciel te combla de tous ceux qu'on envie,
L'avenir te promet ce qu'il donne aux heureux !
Quand le destin s'empresse à te charmer la vie,
Songe aux pauvres : ton cœur te parlera pour eux !


Parmi tous les plaisirs qui charment ta jeunesse,
Peut-être en est-il un que tu ne connais pas !
Ton aumône est toujours digne de ta richesse,
Mais ce n'est pas assez pour les cœurs délicats.


Pour la comprendre il faut voir de près la misère.
L'indigent est touché de ce qu'on fait pour lui,
Si tu veux que ton nom se mêle à sa prière,
Passe quelques instants dans son pauvre réduit !


Donne un peu de ton cœur, donne un peu de ton âme,
Tu peux doubler d'un mot la valeur de ton or !
Parle avec sympathie à cette pauvre femme
Dont la timidité paralyse l'abord !


Soudain tu sentiras une joie infinie
En voyant s'éclairer ce visage attristé.
D'un cœur tendre et pieux c'est l'aumône bénie,
Une offrande n'est pas toute la charité !

L'or est pour l'indigent le pain qui le fait vivre,
Il faut aussi toucher son âme et l'émouvoir;
Montre-lui doucement le chemin qu'il faut suivre,
Deux mots résument tout : l'honneur et le devoir !

Sans crainte de tes jours tu verras tarir l'onde ;
A ceux que surprendrait le calme de ton cœur
Tu diras : Mon trésor n'était pas de ce monde,
Et celui que j'emporte est béni du Seigneur !

A votre charité je m'adresse, madame,
L'indigent sait qu'il peut compter sur votre appui.
Monsieur, venez en aide au pauvre qui réclame
Du pain pour ses enfants, et du travail pour lui !

1864.


## CONVALESCENCE.


O bonheur ! qu'il est doux de vivre et d'être aimée !
De reprendre au foyer sa place accoutumée !
De revoir ses amis, ses gens et sa maison,
Tout ce qui d'habitude est dans notre horizon !
Cinq semaines de lit et de chambre forcée,
La torpeur que la fièvre impose à la pensée,
C'est un supplice affreux !... On a beau protester,
Avec la maladie on ne saurait lutter !

Rien ne peut apaiser la soif qui nous accable !
C'est une fièvre ardente et son trouble implacable !
Doit-on vivre ou mourir?... Telle est la question
Que l'on s'adresse avec un peu d'émotion !...
Bientôt Barthez arrive !... un savant qu'on révère !
La mort fuit à sa voix, on s'en flatte, on l'espère...
Croyant en quelques jours être remis à flots !...
Il ordonne d'abord la diète et le repos ;
Et dit en souriant : — « Allons, c'est peu de chose,
« Une fièvre légère, une simple névrose ! »
C'est faux !... mais il rassure, on se berce d'espoir.
« Essayez de dormir, je reviendrai ce soir !
« Pas d'imprudence, au moins ! Vous êtes téméraire !... »
Chacun dit : « Ce n'est rien », quand on sait le contraire.
Pour donner de l'espoir au malade, on lui ment...
Par tendresse chacun le trompe effrontément !
Ah ! qu'une maladie est chose désolante ;
Que la convalescence est longue, triste et lente !
Nul n'apprécie assez, tant qu'il s'est bien porté,
Ce trésor sans égal qu'on nomme la santé !
On la joue à plaisir, on est invulnérable.
Tout semble le prouver : sécurité coupable !!
On brave en esprit fort toute la Faculté ;
Mais au premier malaise on est déconcerté !...
Avec la même ardeur dans l'autre excès on tombe !
Se croyant déjà mort, se voyant dans la tombe :
Quand on souffre on n'est plus dans son état normal,
L'esprit surexcité divague et juge mal.

*

On me croyait perdue, et Barthez m'a sauvée !
Je renais... J'aime encor ! je me suis retrouvée !
Mais pendant bien des jours, tout semblait effacé,
Je ne savais plus rien du présent, du passé ;
Le réel avait fui... la fièvre et ses fantômes
M'emportaient dans un rêve en d'étranges royaumes.
De propos insensés en vain l'on se défend ;
La raison nous échappe, on redevient enfant !
Ceux qui nous aiment sont témoins de ce délire.
Quelle angoisse saisit le cœur et le déchire !

. . . . . . . . . . . . . . . . . .

Puis on revient à soi : l'esprit fait un effort,
On ressemble à l'enfant qui ne sait rien encor ;
On regarde, on écoute et l'on cherche à comprendre :
A la vie, à l'espoir, on vient de se reprendre !
D'un cœur qui s'éteignait c'est l'enivrant réveil !
De même après l'orage un rayon de soleil
Prête à tous les objets une teinte riante,
Ainsi renaît mon âme, heureuse et confiante !

    1867.


## LE RETOUR DU SOLDAT.


  « La paix est faite, a dit mon capitaine,
  « Dans tes foyers va chercher le repos ! »
  Quand je partis j'avais vingt ans à peine,
  J'allais gaîment le fusil sur le dos !

Voici là-bas le clocher du village,
A mes amis que je songe un moment :
Ils auront tous oublié mon visage,
Rien ne vieillit comme le régiment !

Mon cœur, si ferme en un jour de bataille,
Tremble à l'aspect du hameau paternel.
Et cette cloche a, plus que la mitraille,
Mis dans mon âme un trouble solennel !

Elle a jadis sonné l'heure dernière
De mes parents endormis près d'ici,
Et tant de fois annoncé la prière,
Que je me signe, et que je prie aussi !

Le vieux curé qui m'apprenait à lire
S'en est allé dans le pays du ciel...
Comme au retour mon âme se déchire,
Ah ! que d'absents vont manquer à l'appel !

Le beau Lucas sans doute épousa Rose ;
Vingt ans d'absence excusent son oubli !
Et puis, hélas ! je ne vaux pas grand'chose,
Les biscaïens ne m'ont pas embelli !

Les prés sont verts, et le lilas embaume,
Mais ce hameau ne peut être le mien,
Partout l'ardoise a remplacé le chaume.
Et l'exilé ne reconnaît plus rien !

Ah ! c'en est fait, je sens tout mon courage
S'évanouir en efforts superflus !
Sans le revoir je quitte mon village.
Mon doux pays je ne reviendrai plus !

Dans le passé mon cœur se réfugie ;
Je ne veux pas connaître les absents.
Le souvenir me prête sa magie,
Ne rien savoir est plus doux, je le sens !...

Mieux vaut pour moi rester dans l'ignorance,
Rien ne m'attend, nul cœur qui m'attardât !...
Je souffrirais de votre indifférence.
N'en parlons plus ! Je resterai soldat !

Cachons des pleurs qu'un peu d'émoi fait naître ;
Pour mon drapeau ce serait un affront !
Mars est jaloux, c'est un glorieux maître,
Qui ne comprend que la voix du clairon !

J'essaie en vain de retenir mes larmes,
Dernier regret que trahira mon cœur !
Rends-moi du moins, ô noble Dieu des armes,
Rends-moi la gloire en place de bonheur !

1856.

# IMPROMPTU.

## L'ENTRÉE AU COLLÈGE.

Hier mon petit-fils entrait à Vaugirard.
Henri nous pressait tous, de peur d'être en retard ;
Sa précoce raison devançant son jeune âge,
Il s'était bien promis de montrer du courage !
En sortant de Madrid, il était satisfait
De revoir l'abbé M... dans le nouveau Préfet.
Mais en voyant pleurer sa grand'mère et sa tante,
Henri nous dit adieu d'une voix hésitante...
Et puis il s'échappa, de peur de se trahir !
Petit cœur de douze ans, qui ne veut pas faiblir !
Sa mère l'emmena ; pauvre femme !... une veuve,
A qui le ciel impose une cruelle épreuve !...
Et seule à Vaugirard elle a conduit son fils.
D'ordinaire on est deux quand on rentre au logis !
Du départ de l'enfant c'est l'époux qui console ;
Ma fille pleure seule, et dans son deuil s'isole !

Henri, pour abréger la longueur du chemin,
Causait avec sa mère, en lui tenant la main :
— « Maman, j'en suis bien sûr, vous aurez du courage ;
« Vous ne voudriez pas m'affliger davantage.
« Il ne faut pas pleurer, à l'heure des adieux ;
« Vos larmes nous feraient du mal à tous les deux !
« Je vous embrasserai tout comme à l'ordinaire.
« Quel chagrin pour l'enfant qui voit pleurer sa mère ! »

En murmurant ces mots où se fondait son cœur,
Avec grand'peine Henri contenait sa douleur !…
On arrive au collège : ô moment qu'on redoute !
A l'inverse chacun va reprendre sa route !
Ils se tiennent parole, ils sont forts devant Dieu,
Pas un mot d'échangé dans ce cruel adieu !
Dans un muet baiser mettant leur âme entière,
Personne n'a pleuré, ni l'enfant, ni la mère !

  1880.


## LA VIOLETTE.


Sous le feuillage vert qui forme son berceau,
La simple violette est doucement voilée,
Et grâce à la fraîcheur que donne le ruisseau,
C'est la plus belle encor des fleurs de la vallée.

Une humide rosée humectait ses couleurs,
Mais à demi cachée elle avait plus de charmes ;
Ainsi le doux azur des yeux voilés de pleurs
Est plus touchant peut-être au milieu de ses larmes !

Mais des regards mouillés à l'heure des adieux,
Sont séchés aussitôt que la terre arrosée.
Les larmes du chagrin ne mouillent pas nos yeux
Plus longtemps que le sol ne l'est par la rosée !

  1838.

# FRAGMENT SUR NAPOLÉON.

C'en est fait ! il est mort sur des rochers déserts.
Il paya sa grandeur par six ans de souffrance,
Celui dont le génie étonnait l'univers,
Et qui légua son nom et sa gloire à la France !

Ne le crains plus, Anglais, toi qui l'as fait mourir !
Sans respect, sans remords tu brisas la grande âme
Du plus noble héros que la terre proclame.
D'un stigmate éternel sa mort vient te flétrir !
Son ombre n'est pas seule : on dit que depuis l'heure
Où le souffle de mort éteignit le flambeau,
On voit, près des rochers qui bordent son tombeau,
Une femme gémir en tenant un rameau.
   C'est la France qui pleure !
 1836.


# FRAGMENT SUR MARIE-ANTOINETTE.

. . . . . . . . . . . . . . . . . . . . . .

Puis, un jour se leva, jour d'affreuse agonie !
Jour où du nom français la gloire fut ternie !
Qui fit pleurer d'horreur les anges du Très-Haut !
Jour où le sang royal fut versé goutte à goutte,
Qui du crime peut-être enseignera la route,
Hélas ! il n'est qu'un pas du trône à l'échafaud !

On dit qu'elle était belle au jour de son supplice,
Quand un peuple inhumain hâtant le sacrifice
        A grands cris demandait son sang !
Mourir sur l'échafaud sans cause légitime,
Y mourir innocente, y mourir en victime,
        N'est pas descendre de son rang !

        1836.


# ESPÉRANCE


Le bonheur tant cherché n'est-il pas de ce monde?
        Toujours chagrin cruel !
A la peine succède une douleur profonde,
        Le mal est sans appel !
L'espoir d'un but certain console et fortifie
        Un cœur désenchanté !
Au creuset du malheur, l'âme se fortifie,
        Et reprend sa beauté !
Mais ce monde inconnu que cherchent nos pensées
        Aux cœurs purs est ouvert ;
Quand de l'humanité les cendres dispersées
        Voleront dans l'éther...
Seul il sera debout sur les débris des âges
        Dominant le chaos,
Ce monde encor caché dans le sein des nuages,
        Qui promet le repos !

        1857.

# DÉDICACE D'UN VOYAGE.



Toi dont le cœur aimant partage
Et mes peines et mes plaisirs,
Je veux, de ce joli voyage
Te retracer les souvenirs.
Tu nous suivras par la pensée
Sur les rochers et dans les bois,
D'un passe-temps si doux, je le prévois,
Ma main ne sera point lassée :
Raconter un plaisir, c'est le goûter deux fois !
1853.


# LE CHRYSANTHÈME.

Fleur de l'automne, étoile des frimas,
Tu fleuris seule au milieu du parterre.
Des feuilles vient l'heure du branle-bas,
Rien n'embellit ton règne solitaire !
Ton jour tardif assure ton succès,
Quand tu fleuris tout se meurt de froidure,
Ta beauté triste est celle du cyprès !
Ton règne est court, si peu de temps il dure !
Tu ne sais rien des plaisirs de l'été,
Tu n'as jamais entendu les cigales,
En déployant ta suave beauté.
Tu règnes seule, et ne crains pas d'égales !.

Quand tu parais tous les nids sont déserts !
Le rossignol abandonne la rose,
Les doux chanteurs ont fini leurs concerts.
L'oiseau s'exile, et la ruche est bien close !
Le papillon est le roi du printemps,
Et le volage abuse de ses ailes ;
Ta grâce échappe à ses goûts inconstants,
Né sur les fleurs, il expire avec elles !
Quand ton jour luit, le sien va s'éclipser.
Présent dernier de la plaintive automne,
Le vent du Nord souffle sans t'offenser.
Il n'oserait toucher à ta couronne !
Tu nous prédis le deuil des mauvais jours ;
Bien étrangère aux chagrins que tu causes,
Sans le savoir tu fais fuir les amours
Qu'au mois d'avril ont éveillé les roses !
La marguerite, ivre de ses attraits,
De son éclat et de sa renommée,
Jalouse encor tes modestes succès,
Elle n'a pas ta senteur parfumée !
Lorsque le vent mugit dans les grands bois,
Quand le buisson perd son frais diadème,
Quand l'hirondelle a déserté nos toits,
Le Ciel brumeux fleurit le chrysanthème.
Ta fleur devient l'orgueil de nos bouquets,
On la recherche, on l'aime, on la respire ;
Des jours d'été gardant quelques reflets,
D'octobre en deuil c'est le dernier sourire !

## PENSÉE D'HORACE.

Il eut un cœur de chêne armé d'un triple airain,
Celui qui le premier, défiant la tourmente,
S'abandonnait aux flots d'un œil calme et serein,
Sans craindre les autans et la vague écumante,
Ni les monstres cachés dans une mer sans frein !


## L'ABSENCE.

Regret de chaque jour et que tout renouvelle,
De nos douleurs l'absence étant la plus cruelle,
C'est un vide profond, c'est un déchirement
Dont la souffrance aiguë augmente à tout moment !
Après bien des efforts, parfois le temps opère,
On croit qu'on se résigne, ou du moins on l'espère ;
On goûte quelques jours un calme décevant,
Puis l'aiguillon du mal s'enfonce plus avant !
Il ravive l'ardeur et la force de l'âme,
Et le désespoir même en attise la flamme !
D'un cœur endolori c'est le fiévreux sommeil,
Mais toute la douleur se retrouve au réveil !
Ce factice repos se paie avec usure,
Et rien ne cicatrise une large blessure !
On passe tour à tour de la crainte à l'espoir.
Qui ne l'éprouva pas ne peut le concevoir !

Mais il en est ainsi : l'âme a besoin de trêve ;
Au sein de la douleur elle s'oublie et rêve,
Et bientôt revenant de son illusion,
Elle rappelle en vain sa chère vision !

Les insensés !... pourquoi se torturant soi-même
S'arracher sans raison du foyer que l'on aime?
Pourquoi sacrifier nos fragiles bonheurs
Aux vaniteux désirs, à la soif des honneurs?
Hors des affections tout semble un vain mensonge.
La jeunesse s'envole et passe comme un songe.
On regrette, en rêvant de ce passé lointain,
D'avoir mal employé les heures du matin !
Que de jours dissipés loin du toit domestique !
Pourtant ce que la vie a de plus poétique,
De joie et de douceur, et de calme charmant,
Ce qu'un but sérieux a de recueillement,
C'est auprès du foyer que le Ciel nous l'inspire,
Le cœur s'y développe, il est dans son empire !
Dans l'hymen qui lui laisse entrevoir l'idéal,
Dans l'amour maternel, cet amour sans égal !
Par de nobles devoirs remplis avec constance,
Dans les calmes loisirs d'une heureuse existence ;
C'est là ce que la vie enseigne à ses élus ;
O vous ! qui vous aimez, ne vous séparez plus !

Notre félicité tient à si peu de chose !
Sait-on, quand on se quitte, à quels vents on s'expose ?

Nul ne peut entrevoir dans son faible cerveau
Quel sera de nos jours le douteux écheveau !
Verrons-nous se courber notre longue vieillesse,
La mort nous attend-elle au seuil de la jeunesse ?
On interroge en vain cet oracle discret ;
Nul n'a pu pénétrer son terrible secret !
La mort frappe en aveugle, et vient comme un orage,
Quand la vie offre encore un séduisant mirage !
Et que l'âme se plaît aux souvenirs anciens !
Mais il est moins cruel d'abandonner les siens
Quand on a près de soi son époux, sa famille,
Et qu'on serre la main tremblante de sa fille ;
Lorsqu'un visage ému, pressentant un malheur,
S'efforce vainement de cacher sa douleur...
L'amour seul vient en aide à l'effroi que recèle
Cette épreuve suprême, où le plus fort chancelle !
Consolons les mourants, que des soins superflus
Leur donnent de l'espoir quand nous n'en avons plus !
Ah ! la mort consolée, attendrie et pleurée,
Emprunte à la douleur une ombre plus sacrée.
S'il est un châtiment qui double nos malheurs,
C'est de mourir privé d'un cortège de pleurs !

1859.

## PENSÉE.

Il n'est qu'un temps pour la beauté,
L'esprit survit à la jeunesse,
Mais rien n'égale la bonté :
Son charme attire la tendresse
Et donne la félicité.


## A UNE VIEILLE COQUETTE.

### BOUTADE.

Non ! vous n'êtes plus jeune !... et tout trahit votre âge !
Madame, il nous suffit de voir votre visage
Pour supputer les jours accumulés sur vous !
Le temps ne vous a rien épargné de ses coups !
Des hachures au front, patte d'oie à la tempe ;
Jaune par-dessus tout comme une vieille estampe !
Voici de vos attraits le bilan rigoureux ;
Ce n'est pas là de quoi tenter un amoureux !
Et pourtant vous croyez au pouvoir de vos charmes !
Quelle folie ! En vain vous préparez vos armes,
La rouille envahit tout !... Quittez ces airs pimpants,
Car vos prétentions font rire à vos dépens !
Les conseils n'ont jamais fait plaisir à personne !...
Votre orgueil en gémit... du moins, je le soupçonne !

Cependant, croyez-moi, que votre guérison
Moins qu'à mon franc parler soit due à la raison!...
Vous avez cinquante ans... plus les mois de nourrice!
Que trahit malgré vous la ride accusatrice!
Vous avez su peut-être en faire des printemps;
Mais, hélas! nul n'échappe à l'action du temps!
De son âge, madame, en vain l'on fait mystère,
La ride est indiscrète et dit ce qu'on veut taire.
Vous avez cinquante ans : c'est un joli total!
Ne luttez plus! un chiffre est un être brutal!
Apprenez à vieillir quand l'âge vous l'impose;
Que votre esprit, du moins, vous serve à quelque chose!

1858.


## LA VIEILLESSE.


La tristesse inquiète est l'attribut de l'âge;
Aussi l'on aime à voir sourire un vieux visage!
Parfois un cœur troublé, prenant tout de travers,
Impose à son insu le poids de ses hivers!...
La vieillesse digne est noble autant qu'estimable,
Mais, pour se faire aimer, elle doit être aimable;
Sans lutte avec le temps accepter son pouvoir,
C'est d'un cœur élevé, mais d'un rare savoir!
Le demi-jour dément la glace véridique;
On s'abuse, on se flatte, et jamais on n'abdique!
Oui, la femme est toujours femme en dépit des ans,
Et jamais à Paris on n'a de cheveux blancs!

On lutte avec l'espoir d'arrêter les années
Dans ce que leur injure a de teintes fanées!...
De l'Orient la France emprunte les secrets :
Ce genre de pastel est toujours en progrès !
La figure offre aux yeux un savant barbouillage,
Du bleu, du noir, du blanc, tout l'art du maquillage.
De blonde qu'elle était, Sabine passe au roux ;
Elle en rit la première, et dit : « Que voulez-vous?...
« C'est la mode!... » Il suffit ! ce mot est péremptoire;
Il peut tout expliquer, c'est une échappatoire !
La mode ! tout est là !... C'est pour la vanité
Le plus joli prétexte à jamais inventé !
La mode!... en la suivant, on dit qu'elle radote,
Et chacun reconnaît qu'elle règne en despote !

Si du moins la vieillesse avait le sens commun,
Elle s'affranchirait de ce joug importun !
Elle oserait montrer dans sa nudité franche
Son visage pâli, sa chevelure blanche,
Des traits plus doux encor ne devant rien à l'art,
Que lorsqu'ils sont couverts d'une couche de fard !
Il faut s'habituer aux trahisons de l'âge,
Cela demande un peu d'esprit et de courage.
Se soumettre avec grâce a plus de dignité
Que de se travestir sous un masque emprunté.
Savoir vieillir !... ce mot renferme tant de choses!...
Quand d'un teint qui s'altère on voit pâlir les roses;
Quand l'automne commence à neiger nos cheveux,

Pourquoi lutter? Il est d'un cœur plus généreux,
Quand le temps a sonné l'heure de la retraite,
D'oser dans un sourire accepter sa défaite!
Cette philosophie a peu de partisans,
L'amour-propre a toujours des miroirs complaisants.
Nous savons qu'il nous trompe, et nous le laissons faire!
Pour lui-même indulgent, pour les autres sévère,
Notre aveugle regard voit vieillir le prochain
Et ne s'aperçoit pas qu'il a même destin!...

Pour cacher les hivers dont on maudit l'injure,
Vainement on se farde, on refait sa figure,
Les nombreux plis du front nous trahissent toujours!
Rien n'en peut effacer les désastreux contours!
C'est, il faut bien le dire, un extrait de naissance ;
Du plus fin maquillage il brave la puissance.
Lutter avec le temps, quel stérile combat!
La mort vient tout à coup qui tranche le débat!
Et l'on n'y songe plus tandis qu'elle moissonne!
Pourtant jamais ses coups n'ont épargné personne!
Mais cette heure d'effroi, si cruelle à prévoir,
Pour les cœurs élevés s'adoucit dans l'espoir!
De ces jours qu'on prodigue et dont la vie est faite,
Jours si vite écoulés que plus tard on regrette,
Si de ce temps perdu dans de mondains plaisirs
On avait seulement distrait quelques loisirs,
Une heure de raison que notre esprit réclame,
Pour sonder sa pensée, interroger son âme!

Si parfois notre cœur daignait se souvenir
Qu'il est bien fou d'oser compter sur l'avenir!...
Qu'il n'a que le passé, dont il n'est plus le maître,
Et qui, triste ou joyeux, hélas! ne peut renaître.
Le passé!... ce fantôme envolé sans retour,
Et qui semble nous fuir plus vite chaque jour,
Ainsi qu'une eau tranquille au sortir de la source,
Bientôt torrent fougueux précipite sa source,
Le temps lorsqu'on est jeune avance à pas comptés ;
Pour les enfants les jours sont des éternités !
Plus tard le temps s'enfuit d'une façon brutale !
La mort est une dette effrayante et fatale
Que, sans nous consulter, Dieu nous force à payer,
Et malheur à celui qui cherche à l'oublier !

1852.


## L'AMOUR DU BEAU.

### SONNET.

L'amour du beau se perd ! disent les gens moroses.
Un réalisme impie étouffe l'idéal !...
En France, tout dément ce pronostic fatal,
Et je vois bien des cœurs épris des nobles choses !


Sous nos regards charmés que d'œuvres sont écloses,
Qui doivent leurs beautés à ce divin fanal !
Ce n'est pas du vulgaire, encor moins du banal
Dont Balzac, Feuillet, Sand font les apothéoses :

URBI ET ORBI

Ingres, Pradier, Rachel, régnaient au nom de l'art !
Rossini, Lamartine, Auber, Musset, Ponsard,
Quand leur muse versait l'harmonie et la flamme,

Dans nos cœurs enivrés ont fait passer leur âme !
Non ! rien n'effacera le sentiment du beau ;
Pour nous guider vers Dieu, c'est l'éternel flambeau.

        1868.


## URBI ET ORBI.


Quel spectacle imposant a frappé mon regard !
J'ai vu Rome à genoux sous la main du Saint-Père.
Dans un jour solennel, j'ai vu ce beau vieillard
Unir tous les chrétiens dans la même prière !

Sa Sainteté bénit les présents, les absents ;
Son cœur va les chercher d'un bout du monde à l'autre.
A ses pieds les pécheurs, comme les innocents,
S'inclinaient à la voix de ce nouvel apôtre !

« Fuyons un siècle impie, oublions nos malheurs ! »
Dit-il, les yeux mouillés, à son peuple en prière...
« Élevons vers le ciel le cri de nos douleurs ;
« Qu'il répande sur nous sa divine lumière !

« Que ces chrétiens pieux au temple réunis,
« Que l'enfant au berceau, qui ne peut vous comprendre,

« Que l'univers entier, qui ne saurait m'entendre,
« Par mes débiles mains, ô mon Dieu, soient bénis ! »

  1868.


## A LA MÉMOIRE DU PÈRE LACORDAIRE.


Toi qui parlais de Dieu dans un si beau langage
Et dont les fiers accents furent partout vainqueurs ;
Inconnu jusqu'alors et n'offrant d'autre gage
Qu'un talent qui domine et soumet tous les cœurs ;

Où donc as-tu puisé la sublime éloquence
Qui faisait tressaillir tout un peuple à ta voix ?
En maître ton génie imposa sa puissance,
Un succès sans égal te mit sur le pavois !

Ton auditoire ému tremblait à tes paroles,
Des coupables erreurs tu voulais l'abandon ;
Plus d'une âme à tes pieds vint briser ses idoles
Et demander l'espoir aux sources du pardon !

Tu trouvas des accents qui contenaient la foudre ;
Le ciel semblait t'armer d'un magique pouvoir.
Jamais les droits sacrés de juger et d'absoudre
Ne furent mieux unis au talent d'émouvoir.

Oui, ton âme de feu, remontant vers sa source,
Allait chercher sa force au pied de l'Éternel,

Comme un aigle superbe emporté dans sa course,
Génie immense et pur, tu planais dans le ciel !

Appuyé sur la croix, la main sur l'Évangile,
Tu parus!... Notre-Dame était ton piédestal.
Plus vrai dans tes discours que l'antique Sibylle,
Tu prédis les malheurs d'un avenir fatal !

Tu prévoyais les maux de l'Église romaine,
Hélas ! tu n'es plus là pour défendre ses droits !
Mais qui peut arrêter le flot qui nous entraîne
Et renverse en passant les trônes et les rois ?

Aux peuples incroyants tu jetas l'anathème,
Sans pouvoir détourner l'implacable fléau !
Et Rome, qui soutient une lutte suprême,
A vu ses fils ingrats déchirer son manteau !

Comme un pilote en mer voit sombrer son navire,
Battu par la tempête, emporté par les vents,
Sans lutter, Rome a vu morceler son empire
Et sa nef en péril livrée aux flots mouvants !...

. . . . . . . . . . . . . . . . .

Mais ta voix s'éteignit au milieu de ta gloire,
Dans l'ombre d'un couvent tu cachas tes succès.
Surpris de ton silence et refusant d'y croire,
Le monde t'accabla de ses vœux indiscrets !...

Ce talent sans égal, fait d'ardeur et de flamme,
De ta frêle existence a brisé les ressorts ;
La nature imprudente a tout mis dans ton âme
Sans réserver assez de forces pour ton corps !

Heureux qui t'a jadis rencontré sur sa route,
Dont le cœur vacillant s'est appuyé sur toi !
Heureux qui t'a parlé, plus heureux qui t'écoute
Et dont l'âme s'éclaire aux rayons de ta foi !

L'Académie, un jour, éprise de ta gloire,
Voulut parmi les siens compter un nom si grand ;
Ton discours captiva ton superbe auditoire ;
Ce triomphe nouveau te fut indifférent !

Que t'importait l'éclat d'un succès éphémère?
La gloire, les honneurs ne pouvaient t'émouvoir !
Ton cœur en dédaignait la brillante chimère.
Tu ne connus que Dieu, le dogme et ton devoir !

Sur ton corps amaigri flottait ta robe blanche,
Un feu sombre animait ton regard inspiré :
Sous le poids des pensers ta tête qui se penche
De ses renoncements porte un cachet sacré !

Mais l'implacable mort, jalouse de ta vie,
Guettait ce corps usé par tant d'austérité.
Ton âme à nos erreurs n'était pas asservie,
La tombe te trouva prêt pour l'éternité !...

Le trépas a glacé l'éloquente parole
Dont Sorèze a reçu les suprêmes adieux !
Ses frères l'ont pleuré ; mais ce qui les console,
C'est qu'un élu du ciel y va prier pour eux !

Et si tu n'es plus là, ton exemple demeure ;
Beaucoup l'ont admiré sans pouvoir l'imiter !
Heureux qui, comme toi, calme à sa dernière heure
Et détaché de tout, part sans rien regretter !

1862.


# UN RÊVE.

A UNE PETITE FILLE, MADEMOISELLE ÉLIANNE D'Y...

Je rêvais cette nuit que j'étais une fée !
Je m'empare aussitôt de ma baguette d'or,
Formant de mille dons un précieux trophée.
Vers ton petit berceau je portai mon trésor !

Pendant que tu dormais sur le cœur de ta mère,
Une amie inconnue évoquait ton destin :
J'avais hâte d'user de mon sceptre éphémère ;
Né d'un songe, il se brise aux rayons du matin !

Je te donnai d'abord cette douceur charmante
Qui mieux que la beauté sait captiver le cœur,
Un esprit bienveillant, une âme douce, aimante,
Un heureux caractère : il double le bonheur !

Je te voyais grandir comme une fleur éclose ;
Je te donnai ce teint suave et délicat
Qui, moins pâle qu'un lys,est semblable à la rose.
Il emprunte son charme à son timide éclat !


Alors, d'un fin sourire éclairant ton visage,
Je mis dans tes regards une aimable candeur :
De toutes les vertus elle est le doux présage,
Accompagnant toujours la prudence et l'honneur !


A ces dons j'ajoutai l'esprit, l'intelligence,
Et je prenais plaisir à te les dispenser,
Quand soudain je m'éveille et vois mon imprudence !
J'ai prodigué mes biens à qui peut s'en passer !


Mais dans mon rêve, enfant, tout n'était pas mensonge.
Je compris aussitôt ce qui me l'inspirait ;
Ce fut un souvenir, et de ta mère en songe,
A mon insu, j'avais esquissé le portrait !


Le réveil m'a repris les présents de Morphée,
Et j'en aurais pu faire un plus utile emploi !
Pour posséder un jour tous les dons de la fée,
Suis l'instinct de ton cœur et cherche près de toi !


Obéis à ta mère et sois bonne comme elle ;
Mets à lui ressembler un soin tendre et pieux !

On ne saurait t'offrir un plus charmant modèle,
Et c'est là que pour toi se bornent tous mes vœux !

1860.


## A MADAME MARIE A...

QUI PENDANT MON ABSENCE A FAIT UN PORTRAIT DE MA PETITE-FILLE
QUE NOUS AVONS EU LA DOULEUR DE PERDRE !


Quand vous traciez pour moi son image en secret,
Ainsi que le talent le cœur vous a guidée...
Quelle âme délicate inspira cette idée !
Mes yeux se sont mouillés en voyant ce portrait !
Quand je ne serai plus, au souvenir fidèle,
Vous penserez à nous en lisant Isabelle !

Octobre 1890.

(Écrit dans la Dédicace d'*Isabelle de Miraflor*.)


## BOUTS-RIMÉS. — DOULEUR.


Au déclin de mes jours j'interroge mon — âme,
Je remonte en tremblant le fleuve du — passé !
Je ne trouve que cendre où rayonnait la — flamme.
De me frapper le sort ne s'est jamais — lassé !
Sur mes lèvres le miel se changeait en — absinthe.
J'ai vu quand j'y touchais m'échapper — l'avenir,
Mais mon cœur a gardé l'image pure et — sainte
De celle qui ne vit que dans mon — souvenir !...

Quel charme jaillissait de son regard — humide !
Le bonheur quelques jours nous nomma ses — élus ;
Nous allions être unis... mon espérance — avide
S'enivrait !... et déjà cet ange n'était — plus !
Je me rappelle encor cette heureuse — soirée,
Qui me vit à ses pieds, soumis, mais — triomphant !
Sa bouche en s'entr'ouvrant par l'amour — éclairée
Conservait son sourire et sa grâce — d'enfant !

Quand revient à l'automne un sombre — anniversaire,
La mort me voit errer dans sa triste — cité.
O trépas ! seul lutteur qui n'ait pas — d'adversaire !
Comme tu nous fais voir notre — fragilité !
Tu sembles te jouer de la puissance — humaine,
Tes coups les plus cruels sont tes plus beaux — fleurons ;
Mais à l'humilité ta rigueur nous — ramène,
Et nous sommes du moins égaux quand nous — pleurons !

  1861.


## IGNORANCE ET AMOUR.

IMITÉ DE JORDI, TROUBADOUR PROVENÇAL, DOUZIÈME SIÈCLE.

De joie et de tristesse ô bizarre mélange,
Je te fuis, je t'appelle et je crains ton retour !
Qui me délivrera de ton pouvoir étrange ?
Dis-moi, que serais-tu, si tu n'étais l'amour ?

Source d'enchantements, de plaisir et de vie,
Tu donnes la misère ou le plus heureux sort !

Des bonheurs d'ici-bas, toi le seul que j'envie,
Que m'apporteras-tu ? l'ivresse ou bien la mort ?

Quand tu remplis le cœur d'espérance et de joie,
Pourquoi fais-tu souffrir mille maux inconnus ?
Dans le rêve enivrant d'un bonheur qui foudroie,
Mon cœur triste ou joyeux ne se reconnaît plus !

Pourquoi suis-je tremblant sans avoir rien à craindre ?
Vous qui savez la vie, ah ! parlez sans détour !
Pourquoi dans ma douleur suis-je heureux de me plaindre ?
O trouble ! d'où viens-tu, si tu n'étais l'amour ?

Je plane dans les cieux, des airs je suis le maître.
Puis je tombe meurtri, désolé sans retour...
Désordres de mon cœur, que pouvez-vous bien être ?
Auriez-vous ce pouvoir, si vous n'étiez l'amour ?

## UN RÊVE DE NAPOLÉON A SAINTE-HÉLÈNE.

O mort ! si tu m'avais frappé pendant mon rêve,
J'emportais le bonheur que le réveil m'enlève !
Dans l'éternel repos endormi sans effort.
Mes derniers souvenirs m'auraient charmé la mort !
En reprenant mes sens j'ai retrouvé ma chaîne
Et l'exil redoutable où m'a jeté la haine !
Comme l'Anglais remplit son œuvre de bourreau !
C'est qu'il ne craint plus rien d'une épée au fourreau !

Tu ne m'as pas compris, magnanime Angleterre !
C'est trop d'une île, à moi, qui veux six pieds de terre !
Mais tu n'as pas osé poursuivre ton dessein.
Hudson est un geôlier plutôt qu'un assassin !
Satrape à la hauteur de son œuvre hardie,
Qui d'un masque légal voile sa perfidie !
Aussi j'existe encore, en mourant chaque jour !...
Aigle atteint par surprise, et que ronge un vautour !

. . . . . . . . . . . . . . . . . . .

Mon rêve était si doux ! j'ai vu la noble femme
Dont mon ambition osa déchirer l'âme,
C'était bien le sourire et les regards vainqueurs
Dont la grâce rêveuse enchaînait tous les cœurs !
Je lui pressais la main, et dans ce doux mensonge
Mon cœur croyait réel ce qui n'était qu'un songe !
Elle m'aimait encor malgré mon abandon,
Et dans ses yeux émus je lisais mon pardon !
Le Ciel prenait enfin pitié de ma torture,
Je voyais près de moi la chère créature !
Joséphine à genoux avait cette pâleur
Qui révèle la mort autant que la douleur !
Je croyais voir en elle une de ces statues
Gardiennes des tombeaux et de blanc revêtues !
Dans quel rêve bizarre ai-je pu m'égarer ?
J'étais mort : près de moi je la voyais pleurer !
J'avais à mes côtés les fils de mon empire,
Tous mes grands généraux, ceux que ma voix inspire ;
Tous ces nobles guerriers par l'audace formés,

NAPOLÉON A SAINTE-HÉLÈNE

Mes compagnons de gloire et que j'ai tant aimés !
Bertrand et Montholon, Oudinot et Bessière,
Et tant d'autres héros couchés dans la poussière !
O France ! qu'as-tu fait du fier maréchal Ney ?
N'ayant pu l'avilir, tu l'as assassiné !...
J'avais pris à l'Anglais ces armes inactives,
Qu'ils n'ont osé laisser même à des mains captives !
Et mes pauvres soldats, les larmes dans les yeux,
Voulaient me disputer à ces funèbres lieux !
Muet, je contemplais cette étrange assemblée,
Par mon émotion ma vue était troublée.
Tout à coup je compris l'horrible vérité...
La mort n'était pour moi que la captivité ;
Les pleurs de Joséphine exprimaient sa tendresse ;
Elle dit d'une voix que la douleur oppresse :
« — Tant que tu fus heureux, j'ai pleuré loin de toi !
« Tu souffres maintenant, je t'ai gardé ma foi !
« Je viens chercher ma part d'exil et de souffrance :
« Tu m'appelas jadis à régner sur la France,
« Quand le sort te poursuit ne m'attendais-tu pas ?...
« Ton cœur blessé n'a-t-il connu que des ingrats ?
« L'Anglais dans son astuce aiguillonne et raffine,
« Mais tu devais alors compter sur Joséphine. »
Puis elle a pris ma main : je tremblais comme au jour
Où je lui murmurais mes premiers mots d'amour !
Comme j'étais troublé par cette voix aimante !
L'attrait de son malheur la rendait plus charmante ;
Je voulais lui parler, mais mon cœur oppressé

Était avec le sien plongé dans le passé !
Comme je maudissais un espoir chimérique,
Qui m'avait fait bannir cette épouse héroïque !
Mes regrets déchirants sont devenus si vifs,
Que j'ai dans ma douleur jeté des cris plaintifs !
Je me suis réveillé les yeux remplis de larmes,
Et me suis trouvé seul, sans amis et sans armes !...
Loin de ceux que j'aimais, jeté comme un forban
Sur ce rocher perdu dans l'immense Océan.
Prisonnier solitaire, hélas ! oublié d'*Elle*,
Pour qui j'ai délaissé mon épouse fidèle !...
Je n'ai plus aperçu que le sombre horizon
Qui s'élève à l'entour de ma triste prison !
N'entendant que la voix de l'hypocrite austère,
Qui me torture au nom de l'infâme Angleterre,
Alors, courbant le front, j'ai murmuré : « Seigneur !
« Ah ! mesurez du moins ma force à ma douleur ! »


## PLAINTES D'UNE ORPHELINE.

### FANATISME.

« Esther ! quoi ! tu voudrais, de nous tous oublieuse,
« Aller t'ensevelir dans ce triste couvent !
« Ici vivait ma mère, et son âme pieuse
« N'eut pas besoin de vœux pour prier bien souvent !

« Elle a, pour moi, compté sur ta tutelle austère,
« Ton cœur jadis aimant est-il sourd à ma voix ?

« Tu veux me laisser seule au foyer solitaire,
« Par la mort et l'absence orpheline deux fois !


« D'une autre mission, d'une tâche suprême,
« Tu dois compte au Seigneur, tu ne t'appartiens plus !
« Nous sommes tes enfants, notre mère elle-même
« S'oppose à l'avenir dont nous serions exclus !


« Quand la même douleur à l'autel nous rassemble,
« Pourquoi dans nos chagrins séparer notre sort?
« Dieu nous entendra mieux quand nous prierons ensemble,
« Reste dans ce séjour, consacré par la mort.


« C'est ici que ma mère en proie à la souffrance,
« Nous souriant, hélas ! pour nous cacher son mal,
« Cherchait à nous donner un reste d'espérance,
« Que démentait son front empreint d'un sceau fatal;


« C'est là qu'elle priait, c'est là que sa pensée
« Triste, mais résignée, errait dans l'avenir.
« Elle s'asseyait là, quand, souffrante et lassée,
« Elle aimait à rêver, comme à se souvenir !


« De pauvres orphelins prends pitié ! sois leur mère !
« Veille sur eux, ils sont tes enfants désormais !
« Ne berce plus ton cœur d'une vaine chimère,
« Ne vas pas au couvent t'enfermer pour jamais !

« Esther, la raison parle, elle est inexorable !
« Une vie inutile est à charge au Seigneur !
« Mes frères ont besoin d'un soutien honorable,
« Et ton vouloir doit être inspiré par ton cœur ! »


Mais on m'a dit qu'Esther froidement oublieuse
Ne voulut écouter ses frères ni sa sœur !
Tout le monde a blâmé cette âme impérieuse.
N'importe ! elle se croit agréable au Seigneur !


Ne vous y trompez pas, ô femme illuminée !
La famille a ses droits, ses devoirs quotidiens.
S'immoler est de haute et fière destinée,
Et n'est-ce pas s'unir à ses anges gardiens ?...


Je sais qu'il est vraiment de sagesse profonde
De déserter la lutte au moment du danger !
De déposer le poids des ennuis de ce monde,
Et, spectateur oisif, d'y rester étranger !...


Croyez-moi, rejetez un sentiment factice,
Abjurez toute crainte et cédez sans terreur,
Au noble oubli de soi le Ciel rendra justice,
Accomplir un devoir n'est jamais une erreur !

# BOUTS-RIMÉS.

## CONSEILS A UNE MÈRE DE FAMILLE

Sois prudente, Moéris ! prends congé de — l'amour,
Laisse-lui des regrets, et si tu fus — jolie,
Regarde ton enfant !... elle est belle à son — tour,
Lutter avec ta fille est bassesse et — folie !
Huit lustres bien sonnés te prêchent le — repos ;
Déjà le Dieu volage a déployé son — aile !
Et la jeune folie agita ses — grelots !
C'en est fait ! l'amour fuit et s'élance auprès d' — elle,
Entends son gai babil, ses rires — argentins,
Avec le fugitif, n'entame pas la — guerre,
Que ta coquetterie épargne les — humains !
Apprends qu'il est encor des plaisirs sur la — terre ;
Vouloir s'éterniser est une grave — erreur !
Du temps sachons ouïr la sinistre — clochette,
Ton fils... tu l'oubliais ! cherche à gagner son — cœur,
Sa tendresse sera ta plus douce — conquête !

# BOUTS-RIMÉS.

## VIE DES CHAMPS.

Dans mon paisible étang j'ai lancé — l'épervier.
Heureux de fuir Paris et sa foule — abhorrée !
Je rêve une existence active et — retirée,
Et me fais un manoir de ce vieux — colombier !

L'austère solitude est sœur de — l'abstinence :
J'aime à voir au grand vent s'agiter le — maïs,
Comme une vaste mer il couvre ce — pays,
Tous ces parfums des champs inspirent la — vaillance ;
J'irai chasser le loup dans mes bois — abattus ;
Mes amis riraient bien de l'ardeur qui — m'enflamme.
Je cherche l'amour pur et les douces — vertus.
La femme ici du moins sait encor rester — femme,
Nulle jupe n'y prend la place du — voisin.
On n'est pas obligé d'élargir sa — demeure,
L'homme n'y connaît pas l'ivresse du — raisin,
Et l'on trouve aisément le sage emploi de — l'heure.
Ici le mariage est dicté par — l'amour,
La mort seule ou l'absence y fait verser des — larmes,
La nuit est au sommeil, et le travail au — jour,
Pour un cœur fatigué, cette vie a des — charmes !

1862.


# BOUTS-RIMÉS

### DONNÉS PAR ALEXANDRE DUMAS PÈRE.

#### MADAME DE LONGUEVILLE.

Hardi conspirateur sous les traits d'une — femme,
Et de force à lutter avec — Catilina,
De la Fronde elle fut l'instigatrice et — l'âme,
Et devant Mazarin jamais ne — fouina.

Elle eut des trahisons de fauve dans la — jongle,
Elle usa dans l'intrigue un cœur de — citoyen,
La griffe se cachait sous l'émail de son — ongle,
Et la Rochefoucauld l'aima comme un — païen !

N'estimant guère un cœur plus qu'une — mirabelle,
Son éloquence était digne de — Mirabeau !
Audacieuse et fière autant qu'elle était — belle,
Un Dieu caché semblait lui prêter son — flambeau !

Elle aurait comme nous admiré — l'Orestie,
J'ignore ce qu'elle eût pensé de — Gabrio !...
Elle avait l'esprit fin prompt à la — repartie,
Comme elle eût méprisé ce siècle — d'agio !

De même qu'un rosier ne produit pas de — figue,
Un aigle ne saurait descendre d'un — faisan !
Et seule, une Condé sut conduire une — ligue
Contre l'Italien, nourri de — parmesan !

Malgré la politique, elle aima la — noisette,
Les déjeuners galants ornés d'un fin — pâté !
Parfois la grande dame a des goûts de — grisette,
Et tout homme amoureux n'est qu'un âne — bâté !

Décembre 1864.

## MÊMES BOUTS-RIMÉS RENVERSÉS.

### VIEILLE HISTOIRE.

Ce favori du Ciel est tristement — bâté !
Il est pris dans les fers d'une affreuse — grisette,
Et pour mieux la gorger de daube et de — pâté,
Il dîne de pain noir et soupe de — noisette !
Mais la belle en fait cas moins que d'un parmesan !
Contre cet insensé tout s'unit et se — ligue ;
Jadis à ses amis il offrait un — faisan,
Il ne peut aujourd'hui disposer d'une — figue !

Quand on lui proposa de vivre — d'agio,
Quel superbe dédain dicta sa — repartie !
Sa verve étincelante étonnait — Gabrio,
Elle eût même charmé l'auteur de — l'Orestie !
Il voit du feu sacré s'éteindre le — flambeau,
Sans comprendre d'où vient que sa muse est — rebelle,
Cet esprit dont la trempe eût charmé — Mirabeau,
Est terne et délavé comme une — mirabelle !

Une fille de marbre en a fait un — païen,
Il porte sur le front la marque de son — ongle,
Cet homme ne vaut plus un obscur — citoyen,
C'est l'esclave abruti tombé dans une — jongle !

A l'appel de l'honneur l'insensé — fouina.
Le Ciel avec amour avait formé son — âme,
Mais il s'est avili comme — Catilina !
Et tout s'est abîmé sous les pieds d'une — femme !


# PAR 39 DEGRÉS DE CHALEUR.

### IMPROMPTU. — CRI DE DÉTRESSE.

O pluie ! entends nos vœux !... bienfaisante rosée,
Verse ton onde à flots sur la terre embrasée !
Le soleil nous dévore, et son disque de feu
Rayonne sans pitié dans un ciel toujours bleu !
Eh quoi ! pas un nuage, une trêve ! un jour sombre.
Le soleil est partout !... en vain on cherche l'ombre !
Une intense chaleur nous poursuit tout le jour !
On ne respire plus ! l'air est brûlant et lourd !
C'est l'Égypte et ses feux !... c'est le golfe Persique,
Et nous pouvons juger du climat du Mexique !
De nos braves soldats nous partageons le sort !
Le soleil du Midi vient d'embraser le Nord !
Que devenir ? ô Ciel !... de la pluie !... un orage ?
De l'air ?... nous étouffons et nous perdons courage !
Le sol brûle nos pieds !... c'est un horrible enfer !
Une fournaise ardente... et pas un souffle d'air !...
O pluie ! entends nos vœux !... bienfaisante rosée,
Verse ton onde à flots sur la terre embrasée !

9 août 1868.

# UN DISCIPLE D'ÉPICURE. — FOLIE.

### FANTAISIE MONOLOGUE.

On me fête partout! le triomphe enhardit :
Il faut en convenir, je m'estime et je m'aime,
Je connais plus d'un fat enchanté de lui-même,
Qui n'a pas ma tournure, encor moins mon crédit !

Mes succès quotidiens me font une auréole,
Pour prendre une alouette il ne faut qu'un miroir,
Les femmes pour m'aimer, d'honneur n'ont qu'à me voir,
Je ne saurais m'en taire, et je suis leur idole !

Tous les journaux du sport racontent mes exploits,
On m'en prête beaucoup, ils narrent à merveille,
La renommée inscrit ce que j'ai fait la veille,
Mais c'est pour mieux mentir qu'on lui donne cent voix !

Je fais événement dans le cercle où j'arrive,
Le trouble que je cause est un coup d'encensoir !
J'invente le matin mes bons mots pour le soir,
Et suis dès le madère un aimable convive.

On me cherche, on m'invite !... à peine ai-je le temps
De faire un tour au Bois pour promener Gazelle,
Ma bête favorite !... et je risque pour elle
Le redoutable éclair de beaux yeux mécontents !

FLIRT — UN DISCIPLE D'ÉPICURE

J'ai d'intimes succès que nul ne me conteste,
On m'admire, on me craint, et mon regard vainqueur
Même sans y songer a troublé plus d'un cœur,
Je vous le conterais, si je n'étais modeste !!

Je ne trahirai pas des secrets aussi doux,
On cite mes amours, et le public les brode,
Mes gilets font fureur ! je suis roi de la mode,
Mon nom est le drapeau des galants et des fous !

L'amour est mon étude ardemment poursuivie,
Je ne sais rien de plus, et je n'ai pas cherché
A vouloir deviner ce que Dieu m'a caché !
Les plaisirs sont le charme et le but de la vie !

Aimé d'une duchesse au cœur sentimental,
Esther m'aide à subir ses élégants caprices ;
Épicure triomphe, après tant d'injustices,
L'hypocrisie en vain brise son piédestal !

Nous avons résolu, — la brillante jeunesse,
De remettre en honneur cet esprit distingué,
La science est un mot, j'aime ma mie, ô gué !
Aimer rire et chanter, vaut toute la sagesse !

En moi plus d'une femme a trouvé son vainqueur,
Je suis irrésistible ! et souvent une belle,

A mes chants amoureux qui ne fut pas rebelle,
Sourit en me voyant, et m'a gardé son cœur !


Un tendre souvenir un instant nous rapproche,
Sous prétexte de valse, on cause du passé...
Hier était si doux, qu'il n'est pas effacé !
Qui n'a pas savouré le charme d'un reproche ?...


De nouveau j'implorais ces languissants regards.
Cydalise pâlit !... Esther voit sa détresse...
S'en amuse !... j'ai peur de sa folle allégresse,
Qui se ferait un jeu de son manque d'égards !


Bah ! ces émotions ont du piquant, du charme !
Je m'arrête soudain... et, pris entre deux feux,
Je ne sais dans mon trouble où reposer mes yeux...
Cydalise n'a pu retenir une larme !


Je voulais rendre hommage au titre, à la beauté,
Mais le vieux duc s'approche, il me cloue à ma place...
Son regard dédaigneux me consterne et me glace...
Malgré mon beau sang-froid, je suis déconcerté !...


Je dépense mes jours dans des luttes mondaines,
Du moins je me sens vivre et j'ignore l'ennui ;
Je prépare le jour mes fêtes de la nuit,
En lisant les journaux qui content mes fredaines !

Le vieux marquis mon oncle est mort depuis neuf jours ;
Par la goutte perclus, brisé par la souffrance,
Pour lui, comme pour nous, c'est une délivrance !
Je n'ai pas pris le noir, il m'attriste toujours !...

Le deuil est dans le cœur, et non dans la cravate,
Le monde me réclame, et je crois qu'il est mal,
Portant crêpe au chapeau, de se montrer au bal,
Dans les nuances, moi, j'ai l'âme délicate !...

Je vénérais mon oncle, aussi je l'ai pleuré !
C'était l'élan du cœur, non de vaines grimaces ;
Je porterai son deuil dans la saison des chasses,
L'époque ne fait rien, pour ce devoir sacré !

La duchesse a reçu le chaste nom de Blanche,
Cydalise est celui qu'elle a choisi pour moi !
Le lui donner tout bas me cause un tendre émoi !
Comme signal d'amour, elle a pris la pervenche !

Cydalise chérit les senteurs du jasmin,
Dans un bal son parfum brûle comme la flamme,
Et tandis que mes yeux parleront à son âme,
Ma pensée en son cœur fera bien du chemin !

Que les fleurs d'un bouquet disent ce qu'on doit taire,
L'espoir qu'on lui confie, et qu'on n'ose exprimer...
C'est doubler le plaisir et le charme d'aimer !
Les esprits de haut vol goûtent ce doux mystère !

Ah ! que la vie est belle ! et qu'on est insensé
De lui demander plus qu'elle ne peut promettre !
Ce qu'il faut, c'est à temps de savoir se soumettre.
Qui dépasse le but est bientôt renversé !

Il ne faut pas tenter de prolonger son règne,
C'est le plus sûr moyen d'exciter des regrets !
Je veux, en dédaignant les plaisirs indiscrets,
Que l'on me porte envie, et non pas qu'on me plaigne !

Il faut faire une fin, avant d'être trop vieux !
On ne peut pas rester garçon toute sa vie ;
J'épouserai plus tard ma cousine Sylvie,
Je dois des héritiers au nom de mes aïeux !

Cultivant mon domaine, et du cercle agricole,
J'oublierai mes erreurs et mes folles amours ;
A mes dignes vassaux je ferai des discours,
Avant de couronner la rosière et l'École !

Je n'ai que vingt-trois ans, belles, rassurez-vous !
Tandis que je vous chante, et qu'Eros tient ma lyre,
Avec peu de ferveur Sylvie apprend à lire,
L'enfant ne songe guère à son futur époux !...

Notre aïeule, une sainte ! un vrai pilier d'église,
Qui fait tous les matins son salut pour nous deux,
Rêve cette union !... et dit que nos aïeux
Ordonnent par sa voix que je la réalise !...

De mes biens il me reste un glorieux blason,
Sylvie a des châteaux et des forêts de chênes !
Sans me faire prier j'accepterai ses chaînes,
Je dois ce sacrifice à ma noble maison !...


« Tristan ! je te permets de cacher mes poupées ! »
M'a dit la belle enfant, d'un petit air câlin !...
Un sac de chocolat qui touche à son déclin,
M'a valu des faveurs d'ordinaire usurpées !...


On doit aller partout !... le monde est exigeant !
Mais il faut soutenir son nom, son caractère !
J'irai, retour du Bois, travailler mon notaire ;
C'est à Paris qu'on a le plus besoin d'argent !...


Quelle vie infernale, électrisante et folle !
C'est à perdre vraiment l'esprit le mieux trempé !
Mon club n'a jamais vu d'homme plus occupé ;
Mais du monde élégant n'est pas qui veut l'idole !


Pour ce soir j'ai deux bals, trois rendez-vous au moins !
Plaignez-moi ! car d'abord il faudra que j'essuie
Un dîner de famille aussi gai que la pluie,
A Vincennes d'un duel je suis l'un des témoins !


On m'attend sur le turf pour battre l'Angleterre,
Aujourd'hui j'ai la Ville et la Cour sur les bras,
Le métier de galant cause mille embarras...
Eh bien ?... Si je partais pour une autre Cythère ?...

Quelle idée!... à London je cours... je suis vainqueur!
Mes cigares! mon sac! Allons, John, ma valise!
A la duchesse un mot : « Ma belle Cydalise,
« Adieu! je reviendrai!... gardez-moi votre cœur! »

C'est scabreux! *Chi lo sa?*... je souris et fredonne,
Moi qui n'oubliais rien que le plus important!...
Le sac de chocolat que ma cousine attend!...
Je fuis sans l'embrasser, il faut qu'elle pardonne!

Mon départ dès demain sera l'événement
Que l'on va commenter dans toutes les gazettes,
Même il sera bientôt chanté sur les musettes,
Sans doute à mon retour j'aurai cet agrément!...

Je quitte le réel pour courir après l'ombre.
Être aimé, c'est flatteur, mais mouiller de beaux yeux,
Je ne m'y connais pas, ou c'est plaisir des dieux!...
Et cela n'est compris que par le petit nombre!

Je regrette en partant mes chevaux et mes chiens,
Mais ils auraient en route un fâcheux entourage.
Ah! pour quitter Gazelle il me faut du courage!...
Un arabe, un pur sang vaut tous les autres biens!

J'adore l'imprévu! c'est le sel de la vie!
Je débarque à London ce soir, grâce à l'express :
Je veux bien lui montrer comment on fait florès!
C'est un royal plaisir que d'inspirer l'envie!

Allons, John! en voiture!... à la gare du Nord ;
Prends mes armes ! je suis en humeur de conquête !
Aux Anglaises je veux faire tourner la tête!...
Et près de Milady je supplante Milord !

De ses petits talents il faut bien faire usage,
On doit utiliser son savoir et son temps,
J'en suis fâché pour ceux qui ne sont pas contents,
Je goûte au vin du cru quand je suis en voyage !

Vais-je trouver là-bas ce que je perds ici ?...
Nulle Lady — ne vaut la Française coquette ;
Bah ! faute de champagne, on boit de la piquette ;
Sur ce point dès l'abord je veux être éclairci !

Et pendant que la mer ou le railway l'emmène,
Tels étaient les pensers du roi des fanfarons !
Sa gloire s'augmenta des plus brillants fleurons !
Il faut toujours compter sur la bêtise humaine !

A Londres l'élégant avait passé deux mois ;
Courant les bals où va la foule désœuvrée,
Bientôt las, il fuyait la maussade contrée...
Chaque jour sur Gazelle on le rencontre au Bois !

1868.

## SOUVENIRS D'ENFANCE.

### A MON AMIE, 1856.

Penses-tu quelquefois à ces moments si doux,
A cet heureux passé déjà bien loin de nous?
Je veux pendant une heure oublier les années
Que le temps a si vite et trop tôt moissonnées!
Je veux faire une halte avec mes jeunes ans,
Lorsque je t'ai connue, et que j'avais douze ans!
Heures bien loin de nous, mais non pas effacées,
Vous revenez souvent enchanter mes pensées!
Comme un livre chéri feuilleté bien des fois,
Où l'on revient toujours aux pages de son choix!...
Quels souvenirs lointains s'éveillent dans mon âme...
Et que j'aime à songer à cette noble femme,
Qu'on nommait Bonne-amie, à ses rares vertus,
Aux malheurs qu'elle avait vaillamment combattus!
Que d'efforts pour dompter sa destinée amère,
Mais, dans le dévouement, rien n'arrête une mère!...
Son courage grandit avec l'adversité,
Et Dieu seul a connu tout ce qu'il a coûté!...
Je ne sais quel respect je ressentais pour elle...
Sa parole était lente et presque solennelle;
J'éprouvais à sa vue un intérêt profond!
Une souffrance fière avait pâli son front;
Son visage exprimait la douleur infinie...
Un sourire en aurait dérangé l'harmonie!...

Que son cher souvenir a de charme pour moi...
A distance il me cause encore un doux émoi !
Chez elle j'ai connu cette amitié sincère
Qu'on forme dans l'enfance, et que l'âge resserre.
L'étude nous offrait sa peine et ses douceurs,
Nous avions mêmes goûts, et l'on nous croyait sœurs,
Ce qui nous amusait ! amie, et tu peux croire
Quel charme ce doux nom me remet en mémoire !
Le passé m'est bien cher !... lorsque de l'avenir
Le champ se rétrécit..... on vit du souvenir !...


## MÉLANCOLIE. — BOUTS-RIMÉS.


Salut ! ô doux printemps : jeunesse de — l'année,
Tout fleurit dans les prés, tout chante dans les — bois,
Ta splendeur fait songer à notre — destinée.
Beauté, jeunesse, amour, tout rayonne à la — fois !
Au milieu des succès quelle âme n'est — timide ?
Le sort nous fait si cher payer notre — bonheur,
Chaque jour le temps fuit d'une aile plus — rapide,
Heureux qui sait garder la jeunesse du — cœur,
Et qui voit sans chagrin se faner son — visage.
Dans les traits d'un baby l'objet de son — amour,
L'aïeule avec bonheur retrouve son — image,
Dernière joie au seuil de l'éternel — séjour !

Le journal qui donnait ces bouts-rimés m'ayant demandé de les signer,
je répondis :

Vous demandez mon nom, je le cache avec soin :
Si mes vers sont jolis, il n'en est pas besoin !
S'ils sont mauvais, qu'importe !... en quoi ma signature
Vous est-elle agréable en cette conjoncture?
De ces luttes d'esprit pour moi pleines d'attraits,
Plutôt que de livrer mon nom, je m'abstiendrais !
Puisque mes bouts-rimés, madame, ont su vous plaire,
Pour mon incognito soyez donc moins sévère !
A ses goûts chacun va demander ses plaisirs,
Et j'en conviens, la muse enchante mes loisirs !
Pouvez-vous en blâmer une pauvre malade,
Qui sans elle eût trouvé le coin du feu maussade !
Du temps je n'ai jamais accusé la lenteur ;
Ma retraite forcée offre un calme enchanteur !
Croyez-le bien, c'est grâce à mes goûts sédentaires
Que je vois sans ennui tant d'heures solitaires ;
Quant à présent, du moins, mon humble faculté
Aspire à demeurer dans son obscurité !
Pourquoi vouloir connaître un nom que je veux taire?
De grâce laissez-moi m'entourer de mystère,
Un charme singulier s'attache à l'inconnu :
Mais à le pénétrer dès qu'on est parvenu,
Il ne reste plus rien de tout ce que l'on rêve,
La perle en se brisant n'a laissé qu'une fève,
Gardons de l'inconnu l'attrait mystérieux,
Le nom le plus obscur n'a rien de curieux !...

**Février 1870.**

PLAINTES DE L'ENFANT MORT-NÉ

# RÊVES D'INSOMNIE.

## PLAINTES DE L'ENFANT MORT-NÉ.

### (Dix-huitième siècle.)

Pendant des nuits sans fin près du cœur de ma mère,
Un ange m'a bercé d'une douce chimère,
Il me parlait du Ciel, du soleil radieux
Dont les effluves d'or rayonnent dans les cieux,
De Solange ma sœur, d'une santé si frêle
Que ma mère souvent passe les nuits près d'elle...
Du vieux duc, mon aïeul tremblant de ne pas voir
L'héritier d'un grand nom et d'un suprême espoir !
C'est moi qu'ils pleurent !... moi, dont on voyait à peine
Le visage indécis et la forme incertaine !
Mère ! sans t'embrasser pourquoi suis-je parti ?...
Sans même ouvrir les yeux, si pâle et si petit ?
Je passe de ton sein dans celui de la terre,
Ah ! que c'est triste et noir !... quel effrayant mystère !
Pourquoi n'ai-je pas vu me luire un seul matin ?
Quel pouvoir me condamne à ce cruel destin ?...


Le monde a ses élus !... des biens que l'on envie,
La fortune m'eût fait large part dans la vie,
Je naissais duc et pair !... Mon trépas met en deuil
Deux familles de Cour dont je serais l'orgueil !
Dans le tombeau la mort vient d'endormir mon père,
Avec moi tout s'éteint !... ce coup les désespère !

Et j'emporte à jamais le nom de mes aïeux !...
Que de nobles exploits ont rendu glorieux !
Le Duc anéanti pleure sa noble race,
Aux grands jours des Valois on en trouve la trace.
Ma mère pleure aussi, mais je lis dans son cœur,
En rien la vanité n'entre dans sa douleur !
Elle appelle son fils, cette image adorée
D'une autre image, hélas ! ravie et tant pleurée.
C'est moi qu'elle demande ! Ah ! que l'orgueil froissé,
D'amertume a souvent rempli son cœur blessé !...
Ce que rêvait ma mère, et ce qu'elle regrette,
S'endormant sur son cœur, c'était ma blonde tête,
C'était mon doux sourire et le babil charmant
De l'ange qui commence à bégayer : « Maman ! »

Je vais la voir dormir... je passe dans son rêve,
Et cette illusion dans les larmes s'achève !...
J'ai vu Solange ! hélas ! frêle et chétive fleur !
Je frissonne de crainte en voyant sa pâleur !
De la mort sur le front elle porte l'empreinte !...
Ses yeux mornes, son teint, tout inspire la crainte !
Tu sembles du destin pressentir le courroux !...
Pour les anges du Ciel si clément et si doux,
Mon Dieu, qu'a-t-elle fait, cette âme solitaire ?
Pourquoi frapper ainsi les anges de la terre ?
Pauvre veuve ! elle prie avec tant de ferveur !
Ah ! laissez-lui sa fille ! une enfant ! un sauveur !
De mes ailes la nuit je protège sa couche,

J'ai même respiré le souffle de sa bouche,
Ses lèvres frémissaient ! j'en reçus un baiser,
Et je sentais la vie en mon cœur s'embraser !
Ce ne fut qu'un éclair, un songe, une folie !
O mère ! que ton cœur comme le mien l'oublie !
Ce rêve t'a fait mal, le lendemain tes yeux
Accusaient les soucis d'un sommeil anxieux !
Mon cœur auprès du tien s'animait de sa flamme,
J'ai vécu de ton souffle et respiré ton âme !
Ah ! prison pour prison, que ne suis-je resté
Endormi dans ton sein jusqu'à l'éternité ?
Mais je sais l'avenir !! ta vie est éphémère,
Avant peu tu viendras me rejoindre, ô ma mère !
Et ceux que tu pleurais viendront te recevoir !
Pour ne plus nous quitter, nous allons nous revoir !
Sur ton front bien-aimé passe un sombre nuage,
Ton sommeil même est triste, ô cher et doux visage !
Ce n'est qu'auprès de Dieu qu'on cesse de souffrir !
La terre désormais n'a plus rien à t'offrir !
Adieu pour quelques jours ! mère !... qu'il te souvienne
Que je t'attends au Ciel, ta patrie et la mienne !...
Va ! mourir, c'est renaître ! Où la vie a cessé,
L'éternité commence, effaçant le passé...
On ne se souvient plus des chagrins de la terre,
Mais tu ne peux saisir l'insondable mystère !
Tes yeux d'un monde infime ont les obscurités,
Bientôt ils s'ouvriront aux célestes clartés !

Un murmure incertain, comme un bruissement d'ailes,
Des rideaux un instant agita les dentelles ;
La mère s'éveilla, jetant un cri d'effroi !
— Il était là !... mon fils, je l'ai vu près de moi,
Il vivait, il m'aimait... la chère créature
Dans mon sein vainement cherchait sa nourriture !
Ah ! s'il vivait, c'est moi, moi qui l'aurais nourri ;
Mais mon âme est brisée ! et mon sein est tari !...
Ne l'avez-vous pas vu ?... mon bel enfant, mon ange !
Plus beau qu'un chérubin !... le frère de Solange ?...
Il montait lentement sur un nuage d'or,
Tout à coup vers les cieux il a pris son essor !
Dans les bras de son père, il est allé m'attendre...
Mes pauvres bien-aimés, je n'ai pu vous défendre !
Mon amour n'a pas su vous soustraire à la mort !
Pour me frapper ainsi, qu'ai-je donc fait au sort ?...
Pauvre enfant ! tu portais l'un des grands noms de France,
Dont ta perte a brisé l'orgueilleuse espérance !
Une race de preux renaissait avec toi...
Voilà leur grand chagrin !... Ah ! que m'importe à moi !...
Qu'on me rende mon fils !... sans titre ni couronne,
Tous ces pompeux hochets, je les leur abandonne !
C'est de leur nom perdu qu'ils ont porté le deuil...
De ces nobles si vains Dieu veut punir l'orgueil !
Et son glaive a passé par le cœur d'une mère !
Que m'importe d'un nom la brillante chimère ?...
Le Ciel pour les atteindre a commencé par moi !...
Dont l'unique souci, mon bien-aimé, c'est toi !...

Mon enfant !... chère image à mon amour ravie !
Toi qui reçus la mort aux sources de la vie,
Du coup qui t'a frappé si j'avais pu mourir !
La fleur et le bouton auraient dû se flétrir !...
Mais qu'ai-je dit ?... Ma fille !... Ah ! je n'ose poursuivre,
Solange me réclame... et pour elle il faut vivre !
Enchaînée ici-bas par un si cher devoir,
Il faudrait m'aguerrir !... mais comment le pouvoir ?...
O mon fils adoré, que je te voie en songe !
Mon cœur se laisse prendre au charme d'un mensonge !
Petit ange des cieux, viens bercer mon sommeil,
Jusqu'au moment béni de l'éternel réveil !...

La mère voulait vivre et tenir sa promesse,
Comptant sur son courage et sa grande jeunesse,
Mais la pauvre affligée en vain fit mille efforts,
De ses jours la douleur détendait les ressorts !
Chaque soir dans un songe évoqué par la fièvre,
De son baiser mortel l'enfant touchait sa lèvre...
Du trouble de ses nuits elle ne parlait pas
Et, sans pouvoir lutter, se livrait au trépas !...
La mère au désespoir, la malheureuse veuve,
Succomba sous le poids de cette double épreuve !
Trois fois en moins d'un an le tombeau blasonné
A vu se refermer son portail fleuronné !...
L'aïeul a survécu !... le dernier de sa race...
La mort autour de lui frappe, l'oublie et passe !

1868.

# CHANT DE LA FILLE DE JEPHTÉ.

(Inspiré par Byron).

C'en est fait ! Dieu le veut ! mon pays le demande,
Il faut une victime au Seigneur irrité ;
Mon père, obéissons quand Jéhovah commande :
La victoire à ce prix fut promise à Jephté !

J'ai pleuré quelques jours ma jeunesse ravie,
Mon père ! et je reviens pour chercher le trépas !
Sans crainte, à la frapper votre enfant vous convie,
C'est un dernier bonheur que je n'espérais pas !

Mais avant que ma voix par la mort soit glacée,
Apprenez que jamais je n'ai connu l'amour,
Et, si parfois son rêve a charmé ma pensée,
Mon cœur à son appel était demeuré sourd !

Pourquoi gémir encore ! ô mes jeunes compagnes,
La victoire à vos pieds ramène des héros !
La paix va refleurir nos bois et nos campagnes,
Mon père et mon pays me devront le repos !

Mais mon sang va couler !... déjà ma voix expire,
A la postérité dites avec orgueil
Qu'avec le dévouement qu'un noble cœur inspire,
J'ai su faire à la mort un digne et fier accueil !

1838.

# MINDA A HAFED.

ADORATEURS DU FEU.

(Inspiré par Thomas Moore).

Tu pars ! et pour jamais ! pardonne si je pleure !
Je l'avais pressenti ! mes craintes d'heure en heure,
Mes songes de la nuit m'ont prédit l'avenir !
Ah ! je le savais trop, cela devait finir !
Tu m'avais fait connaître une sphère enchantée,
Tout s'est évanoui ! la douleur est restée !
Mais depuis mon enfance, ainsi j'ai toujours vu
S'envoler mon espoir par un coup imprévu !

Si j'aimais le matin la fleur de la prairie,
Je la voyais, hélas ! fanée avant le soir !
Et lorsque j'élevais ma gazelle chérie
Pour réjouir mon cœur avec son doux œil noir,
Dès que je la voyais attendre mon passage,
Je sentais dans mon cœur comme un frisson courir,
Car me connaître, hélas ! c'était triste présage,
Et quand elle m'aimait, elle devait mourir !

 1837.


# MORT DE REINE.

Quatre-vingt-douze hivers ont passé sur sa tête !...
Son âme à s'envoler chaque jour semble prête...

Elle vit cependant, et, lasse de souffrir,
Reine demande au Ciel de la laisser mourir !
La mort semble oublier cette docile proie !
La cruelle se fait une maligne joie
Dans leur félicité d'atteindre les heureux,
Et prolonge à plaisir un sort si douloureux !
Ce sont là de ses coups !... elle frappe sans cesse
La gloire, la vertu, la beauté, la jeunesse.
Hier elle fauchait dans sa riante fleur
Un ange, dont la mère est folle de douleur !
Mais un pauvre vieillard pour qui la vie est lourde,
La trouve à sa prière indifférente et sourde !
Elle épargnait ce corps dévasté par le temps,
Et préfère briser un roseau de vingt ans !

Jadis Reine était belle, et son noble visage
Résistait doucement aux atteintes de l'âge ;
Et quand elle dormait, on eût dit que la mort
L'avait dans son sommeil surprise sans effort !
Lorsque ses yeux ardents rayonnaient pleins de flamme,
Sans peine on comprenait la fierté de son âme !
Son cœur reconnaissant n'avait rien oublié,
Et pour ceux qu'elle aimait sans cesse avait prié !
Il lui fallait si peu ! tout la rendait heureuse !
Un souffle eût renversé cette âme vigoureuse !
Et cependant les jours s'écoulaient lentement !
L'hiver avait cinq fois repris son vêtement,
Depuis que par faiblesse elle était alitée.

Un pauvre corps inerte, où la vie est restée !
Mais une vieille femme assise à son chevet,
De son regard ému tendrement l'observait !
Et l'entourant des soins qu'inspire la tendresse,
Elle savait encore alléger leur détresse !
La pauvreté régnait dans cet humble réduit,
Et le travail du jour s'y prolongeait la nuit !
Celle qui soignait Reine avec tant de vaillance,
Et qui n'avait jamais connu la défaillance,
Qui malgré son grand âge et sa frêle santé,
Et les rigueurs du sort, bravait l'adversité,
C'était sa pauvre fille, elle-même bien vieille,
Qui pour le pain du jour a consacré sa veille,
Que le travail abat, mais que l'amour soutient !
Acceptant sans orgueil, mais ne demandant rien !

Le cœur qui se dévoue au cher objet qu'il aime,
Finit par découvrir sa puissance en lui-même !
Fort de sa noble cause, en son œuvre il a foi :
Contre tous les dangers il lutte sans effroi,
Son courage indompté renverse les obstacles ;
Un dévouement profond peut faire des miracles !
Jeanne, à force de soins, de travail et d'amour,
De ce pauvre réduit faisait un doux séjour !...
Mais celui qui d'en haut voit tout, et qui dispense
Aux méchants sa colère, aux bons sa récompense,
Réserve à ses vertus, et pour l'éternité,
Un infini d'amour et de félicité !

Votre dévouement, Dieu le trace
Au livre d'où rien ne s'efface !
Vous le retrouverez un jour,
A la page où s'inscrit l'amour !
Non pas cette ardeur éphémère
Reposant sur une chimère,
Mais cet amour sûr et profond
Dont on ne peut sonder le fond !
Sans que jamais elle chancelle,
Dans son œuvre votre âme excelle !
Ignorante de tout savoir,
Mais connaissant votre devoir,
Dans un sentier plein de ruines,
Vous avez brisé les épines
Qui jonchaient votre dur chemin !
Le sang a rougi votre main !
Et vous marchiez avec audace,
Vous n'avez pas demandé grâce...
Votre espoir n'est plus ici-bas !
Qu'importent ces derniers combats,
Quand on lutte sans allégeance,
Avec les maux de l'indigence !
Mais tout devient facile au cœur
Qui met sa foi dans le Seigneur !
Parmi les écueils de la route
Sa grâce vous soutint sans doute !
L'âme s'élève et s'aguerrit,
Dans l'épreuve qui la meurtrit !

.   .   .   .   .   .   .   .   .   .   .   .   .   .   .   .

C'était l'un de ces jours où la plaintive automne
Effeuille au vent du Nord sa tremblante couronne,
Octobre allait finir ! C'est le premier jalon
De l'hiver qui commence et qui sera bien long !...
L'oiseau chanteur frissonne et quitte nos bocages,
Le soleil pâlissant se voile de nuages,
Le jour semble à regret nous ravir sa clarté,
Et la nature en deuil pleure son bel été !
Le cœur éprouve alors une vague détresse,
Et tout ce qu'il perçoit l'attendrit et l'oppresse.
Le vent semble apporter de lugubres accords !
Pour vaincre ce malaise on a besoin d'efforts !
Il semble que parfois fuyant à tire-d'aile,
Notre espoir ait suivi la dernière hirondelle !
On dirait que le cœur s'effeuille avec les bois !
Le sombre aspect des jours l'accable de son poids !
Mais bientôt nous verrons reverdir la nature ;
De fleurs et de roseaux elle emplit sa ceinture,
Tout renaîtra plus frais : les champs, les bois ombreux ;
Nous seuls ne pourrons pas rajeunir avec eux !


.   .   .   .   .   .   .   .   .   .   .   .   .   .   .   .

Nous étions à l'époque où l'automne plus pâle
Voit ses derniers attraits livrés à la rafale :
Reine est plus faible encor, ses yeux à demi clos
Semblent déjà voilés par l'éternel repos.
A côté d'elle on prie : une faible lumière

Répandait sur son lit sa lueur familière ;
On entend tout à coup comme un vague soupir,
Le trépas doucement venait de l'assoupir !
Mais ce n'est pas la mort avec son agonie,
C'est un sommeil empreint de douceur infinie,
Son front s'était penché sans lutte... sans effort,
Comme au sein de sa mère un enfant qui s'endort !

1859.


# HEUREUSE IGNORANCE ! — TRISTE SAVOIR !


Aux premières lueurs de la naissante aurore,
Le monde nouveau-né qui sommeillait encore
Vit surgir tout à coup le disque du soleil,
De la création éclairant le réveil !
En perles la rosée était éparpillée,
Points lumineux jetés sur la jeune feuillée :
L'œil de feu s'avançait au milieu du Ciel pur,
On eût dit qu'il voulait embraser tout l'azur !
Vierge de tout regard d'hier seulement née,
La nature semblait indécise, étonnée !
Aucun bruit ne troublait ce moment solennel,
Où rien n'était créé que la terre et le Ciel !
Mais la vie est dans l'air, toute chose l'aspire,
Ici-bas, cependant, rien encor ne respire !
Les arbustes pliaient sous le fardeau des fleurs,

Dieu, nous dit la Genèse en son naïf langage,
Voyant que c'était bon, acheva son ouvrage!

1869.


Tout semble rayonner! ici-bas comme au ciel,
Mais ce n'est pas encore assez pour l'Éternel.
Dans ce jardin superbe il commande la vie...
De milliers d'animaux sa pensée est suivie.
Dieu voit de tous côtés voltiger des oiseaux ;
Les cigales plus loin chantent dans les roseaux,
Les loups et les moutons errent dans les prairies,
Des herbes du printemps les plaines sont fleuries :
C'est la vie et la paix dans leur suavité ;
Ce qui vient de naître offre un cachet de beauté...
Tout respire la joie et le bonheur de vivre !
Aux repas, au sommeil tour à tour on se livre,
Le kangourou s'amuse avec le lionceau,
Puis s'endorment tous deux près du même ruisseau.
Plus loin les Océans séparent les deux mondes ;
Cétacés et poissons s'agitent dans leurs ondes !
Toute chose atteignait à la perfection ;
Mais il manquait le Roi de la Création !
Dieu le voulant très beau le crée à son image,
Pour que l'homme comprît qu'il lui devait hommage.
Dans un berceau de fleurs qui sera sa maison,
Dieu le laisse endormi... couché sur le gazon.
Il s'éveille !... il regarde... il pense, il se sent vivre,
D'un sentiment joyeux tout son être s'enivre...

14

Il se lève, il entend du bruit dans un bosquet...
On parle... il entre et voit un charmant perroquet
Dont l'eau d'un grand bassin lui reflète l'image :
Les plus riches couleurs émaillent son plumage.
Adam émerveillé n'en peut croire ses yeux !
Il contemple les eaux, les arbres et les Cieux :
Le soleil l'éblouit ! Devant cette merveille
Il se demande ému s'il dort ou bien s'il veille !
Inspiré par l'instinct qui sans doute est en nous,
Il regarde le Ciel et se jette à genoux...
Ses yeux se sont mouillés, il tressaille, il s'enflamme,
Et dans cette heure Adam sent l'éveil de son âme :
Il jette un long regard sur un monde si beau,
Sans se douter qu'un jour il sera son tombeau !...
Dieu le lui cache, afin qu'il goûte mieux la vie !...

. . . . . . . . . . . . . . .

. . . . . . . . . . . . . .

Mais nous !... à ces pensers notre âme est asservie,
Pas un jour qui n'en vienne évoquer la douleur,
Surtout lorsque la mort a brisé notre cœur !...
O trépas sans pitié ! jamais tu ne désarmes...
Par la joie on commence, on finit dans les larmes !
Existe-t-il celui qui n'a jamais pleuré,
Et court insoucieux vers un but assuré ?
A quel homme le Ciel du malheur fait-il grâce ?...
On chercherait en vain sans en trouver la trace !
De notre humanité la douleur est la loi,
Sans succès on la brave... on cède malgré soi !

Aux peines de la vie alors qu'on est en butte,
Vainement notre cœur s'est armé pour la lutte...
O durée inégale et cruelle des jours!...
Le chagrin les rend longs, le bonheur les fait courts.
Les larmes sont, hélas! la fin de toutes choses...
Que de fleurs ont péri même avant d'être écloses!
On ne remonte pas les siècles écoulés...
Nul encor n'a revu ses beaux jours envolés!
Le temps qui fait son œuvre et qui poursuit sa course,
Ne voit pas de torrent revenir vers sa source!
La jeunesse est heureuse, elle ignore les deuils!
Nous qui sommes, hélas! entourés de cercueils,
Nous suivons un chemin qui n'a plus de mirage!
Je suis près d'un malade, et cherche du courage...
« — Docteur! il paraît mieux... regardez comme il dort! »
« — Ne vous y trompez pas... ce repos, c'est la mort!
« C'est une lutte intime où se débat notre âme...
« Un foyer tiède encor, mais qui n'a plus de flamme,
« C'est l'aurore sans fin de l'éternel sommeil...
« Celui qui ne connaît ni songes ni réveil!
« Il faut se résigner, toute science humaine
« Quand notre heure est venue est impuissante et vaine! »
Lorsque l'espoir s'éteint comme un pâle falot,
« Résignez-vous! » hélas! c'est là le dernier mot!
Murmuré par tendresse ou par indifférence,
Mais qu'importe à celui qui n'a plus d'espérance?...
Quand on meurt jeune, on dit qu'on est aimé des Dieux,
Tant la vie est cruelle, alors que l'on est vieux!...

Le trépas nous décime et frappe ceux qu'on aime,
Nos parents, nos amis, hélas ! nos enfants même !!!
Ah ! les avoir bercés et les mettre au cercueil...
Il faut l'avoir connu pour comprendre un tel deuil ;
D'une amère douleur notre âme est poursuivie,
Un chagrin sans espoir nous a gâté la vie !

Février 1893.


# DOULEUR DE L'EXIL.

### A UNE AMIE.


Tristes jours de l'exil, n'aurez-vous pas de terme ?
Savoir se résigner demande un cœur plus ferme !
Le mien n'est pas trempé pour de telles douleurs !
Mon âme au désespoir s'abreuve de ses pleurs !
Heureux qui de l'absence ignore l'amertume,
Et qui n'a pas senti le mal qui me consume !
Rien ne peut exprimer tout ce que j'ai souffert !...
O mon bonheur passé, que je t'ai payé cher !
Mon Dieu, prenez pitié de cette pauvre France,
Faites luire le jour de notre délivrance !
Que tous ceux que désole un exil si cruel,
Dans leurs foyers bénis rentrent pour la Noël !
Vous que l'exil retient sur la rive étrangère,
Vous dont l'âme se blesse à cette épreuve amère,

Et dont les pleurs aux miens souvent se sont mêlés,
Vous ressentez aussi ce mal des exilés !
Que dans ces tristes jours l'amitié nous soutienne !
J'ai peint votre douleur en retraçant la mienne !

Neufchâtel, novembre 1870.


# LES VENDREDIS

### DE MADAME LA PRÉSIDENTE BENOIT-CHAMPY. — 1862.

Le cercle distingué qui s'assemble chez vous
A fait quelques heureux et bien plus de jaloux !
On voudrait se cacher dans les plis d'une lettre,
Écouter à la porte, entrer par la fenêtre,
Se glisser comme un sylphe en lumineux rayon,
Se blottir sous les fleurs ainsi qu'un papillon !
Quand Frezzolini tient la foule palpitante,
Pour être des élus, il n'est rien qu'on ne tente !
Tout moyen serait bon, la surprise ou l'assaut,
Si vous n'aviez affaire à des gens comme il faut !
De votre seuil ouvert aux heures de soirée
Les profanes, le jour, n'osent franchir l'entrée ;
Rassurez-vous, madame, on sait du vendredi
Dans toute sa rigueur respecter l'interdit !
De ces enchantements dont vous êtes la fée
La voix n'est pas du moins tellement étouffée
Qu'il n'en soit parvenu quelques sons jusqu'à nous !
J'en recueille l'écho... me le pardonnez-vous ?...

L'élégance régit ce séjour poétique,
Vous imprimez à tout un cachet artistique.
Près des arbres en fleur de votre beau jardin
Les arts sont assemblés en Cénacle mondain !
A Paris un jardin est un charme sylvestre !
Écoutez !... que c'est beau !... l'orgue est tout un orchestre !
A l'ivoire Durand donne l'âme et la voix,
L'harmonium soupire et chante sous ses doigts !
Je doute qu'on l'égale, et nul ne le surpasse.
C'est un talent formé d'harmonie et de grâce !
Nadaud de ses chansons vous offre la primeur,
Le virtuose en lui le dispute au rimeur.
Le peintre a ses crayons et saisit au passage
Une beauté rêveuse, un mâle et fier visage.
Le poëte redit ses chants le plus aimés
Aux esprits délicats que sa muse a charmés.
La lecture achevée, on se promène, on cause
Du monde primitif que Figuier recompose !
Des plaisirs de la veille et des romans du jour ;
Sibylle et Salambô sont jugés tour à tour.
Madame Garcia dont le nom artistique
Éveille un souvenir touchant et poétique,
Doux fantôme entrevu, l'ombre de Malibran
Que l'art vit quelques jours briller au premier rang,
Pauline Viardot que nulle autre n'égale,
L'Eurydice de Gluck n'a pas eu de rivale !
Madame Garcia, l'éminent professeur,
De ces Reines du chant est digne d'être sœur !

L'oiseau des nuits, dit-on, eût été jaloux d'elle,
On n'entendit jamais voix plus pure et plus belle,
Et ceux qu'elle a charmés jadis par son talent
En sont encore émus, en se le rappelant !
D'un beau nom bien porté conservant le prestige,
C'est elle en vos concerts qui choisit et dirige ;
Son élégant programme obtient l'autorité
Que donne à ses décrets un sceptre incontesté.

De race impériale une aimable princesse
Dont l'esprit enjoué charme et jamais ne blesse,
Qui prend un soin pieux de ces pauvres enfants
Qu'un incurable mal a rendus impotents,
Et retrouve en bonheur les bienfaits qu'elle sème,
La fille de Jérôme, une artiste elle-même,
Parfois vient se mêler au groupe du dessin,
Et vous laisse une esquisse oubliée à dessein.
Le programme aligné glace la poésie,
Chez vous l'imprévu règne avec la fantaisie.
L'enjouement et la grâce ont d'éternels appas,
Le charme qu'on subit ne se discute pas,
Et chacun à vos vœux s'empresse de souscrire,
Soumis par un attrait que l'on ne peut décrire ;

Puis vient l'heure du lunch de l'anglais emprunté,
Qui chez nous, maintenant, a pris droit de cité ;
Votre salle à manger d'une rare élégance,
De ses beaux faënzas étale l'opulence ;

La naïade soupire au milieu des roseaux,
Elle répand au loin la fraîcheur de ses eaux.
Un superbe vitrail dominant ce parterre
Donne au jour qu'il tamise une ombre de mystère !
Tout captive l'esprit et séduit les regards
Dans cet heureux séjour des muses et des arts.
Quel charme un tel milieu prête à la causerie !
C'est l'hôtel Rambouillet... moins la pédanterie !

Que de luxe les soirs du monde officiel !
Quand la Toge et l'Hermine ont reçu votre appel :
Les matins sont plus gais, le président désarme !
Et l'esprit s'abandonne à tout ce qui le charme
En trouvant réunis ces plaisirs délicats,
Que dédaigne le monde ou qu'il ne comprend pas !
Gloire à vous qui, puisant à cette noble source,
Du peu de poésie enchantez votre course !
En l'absence des arts tout est froid et banal,
La recherche du beau conduit à l'idéal !
Gloire à vous qui, sortant de la route commune,
Avez su profiter d'une haute fortune
Pour éveiller le goût des choses de l'esprit
Que les clubs et le jeu semblaient avoir proscrit.
Puissent vous imiter tous ceux dont la naissance,
Le génie ou le rang a fait une puissance !
Ah ! c'est d'un noble esprit, d'un cœur intelligent,
D'encourager les arts, dans ce siècle d'argent !

# TRISTESSE.

Dans cette époque où l'or semble l'unique bien,
Que reste-t-il pour l'âme? on ne croit plus à rien!
Au fond de toute chose, on rencontre le doute,
Nul flambeau protecteur n'éclaire plus la route!
Aux dernières clartés du passé qui nous fuit,
On mesure l'abîme où l'erreur nous conduit!
Rien n'est resté debout! toute croyance est morte,
Vers un sombre avenir le siècle nous emporte!
Ce qu'on nomme progrès nous ramène au néant!
L'homme vers l'inconnu marche à pas de géant!
Dans son vol effréné l'humanité dévie.
Pour guide elle a l'orgueil, la bassesse et l'envie!
Regrettons du passé les honnêtes plaisirs,
On savait modérer ses goûts et ses désirs!
Ne valait-il pas mieux une saine ignorance
Que ce demi-savoir gonflé d'intolérance?


## LE 31 DÉCEMBRE.

Qu'elle est triste, cette heure où la mourante année
Expire et jette au loin sa couronne fanée!...
Comme ils ont passé vite, et qu'ils ont été courts,
Tous ces instants tombés dans l'abîme des jours!...

## PENSÉE.

La femme dont l'amour a tous les dévouements,
A l'espoir d'inspirer les mêmes sentiments !
Le cœur dont l'égoïsme est plein de sécheresse
Ne saurait faire naître une vive tendresse :
Aime! dit un vieux conte, et tu seras aimé !
On ne peut récolter ce qu'on n'a pas semé :
L'homme qui le premier fit battre un cœur de femme,
En garde un souvenir toujours cher à son âme !

## ÇA ET LA. — VIEUX SOUVENIRS.

Écrire en vers m'amuse, et la prose m'ennuie,
Je m'y sens mal à l'aise autant que par la pluie!
Souvent sans y penser l'hémistiche me tient;
Vainement je le chasse, il s'obstine et revient!
C'est une obsession! c'est un vrai maléfice,
Un démon familier dont ma veine est complice!
Il me faut par instants écrire malgré moi,
Je chasse mes pensers, riant de mon effroi;
Je les sens revenir, le foyer se rallume.
Tout en la maudissant, il faut prendre la plume!
Quand l'idée est venue, on ne peut la chasser,
En vain je me révolte, il faut la cadencer!

On ne s'appartient plus, on est tout à la muse.
Fière de son pouvoir, la traîtresse en abuse !...
Ne demandons au sort que ce qu'il peut donner,
De nos vœux insensés pourquoi l'importuner ?
Dans la lutte un cœur noble en lui trouve des armes,
Et souvent un sourire a dérobé deux larmes !
L'avenir est obscur, et tout semble incertain,
Sans révolte il nous faut subir notre destin !
L'eau coule, l'oiseau chante et le soleil rayonne,
De ses fleurs au printemps le rosier se couronne,
Le chêne offre son ombre aux bergers d'alentour,
Et le cœur à vingt ans ne rêve que l'amour !
Sans le savoir tout suit la pente qui l'entraîne,
Il faut que ma pensée en la rythmant s'égrène ;
De ce charme du rêve on ne peut se guérir,
Avec nous il est né, de même il doit mourir !
Empêchez de couler une source trop pleine,
Plus loin elle déborde, en inondant la plaine.


Lorsque j'étais enfant, poète à mon insu,
Je chantais mes pensers... un fantasque tissu !
Aux contes de Perrault j'avais, dans mon caprice,
Mêlé l'Histoire sainte, à coup sûr sans malice ;
Et d'une fée un ange était l'époux chéri,
C'était un idéal qui m'a beaucoup souri !
Pour moi l'ange et la fée étaient si poétiques
Que mon cerveau d'enfant les croyait identiques.
Quand de la vérité m'apparut le flambeau,

Quel chagrin j'éprouvai !... le songe était si beau !
Le docteur à ma mère avait dit (le profane !) :
« De votre fille il faut faire une paysanne ;
« Nature trop précoce, et que l'on doit brider,
« Il faut la contenir, surtout la retarder !...
« Promenez-la beaucoup ! qu'elle saute à la corde,
« Qu'elle ne lise plus ! » — Je riais de l'exorde !
Ma mère essayait bien de calmer mon élan,
Mais pour moi toute chose était un stimulant !
On voulait m'empêcher de songer et d'écrire.
Toute enfant que j'étais, cela me faisait rire !
Maintenant je suis vieille et j'ai les mêmes goûts,
Ils ne gênent personne et n'ont pas de jaloux !
Bien souvent l'idéal m'entraîne au sein d'un rêve,
Dans la réalité c'est une heure de trêve !
Que j'ai béni le Ciel qui m'accorda ce don,
Quand la mort me frappa d'un cruel abandon !
Avec ceux qu'on aimait, en songe on vit encore ;
D'un passé qu'on chérit l'image se colore,
La mémoire ne peut nous rendre le bonheur,
Mais les doux souvenirs consolent notre cœur !
O Muse ! qui savais me donner du courage,
Que je retrouve encor ton séduisant mirage !
De poésie et d'art, charmés par toi mes jours
Qui touchent à leur fin, se berceront toujours !
Du papier, de la plume irrésistible charme !
Devant ce doux attrait je me trouve sans arme !
Je doute que l'on puisse éteindre un goût pareil ;

Par hasard s'il me quitte, il m'attend au réveil;
Contre un démon railleur vainement l'on s'escrime,
Sans même la chercher il vous dicte la rime!
Véritable tyran!... je le chasse! il revient...
Il connaît son pouvoir! que faire?... On n'y peut rien!...

Février 1893.


## TABLEAU DE GENRE.


Esprits sensés, pardonnez-moi!
Je suis l'ami d'une coquette...
Son cœur des plaisirs fait sa loi,
Il est vide autant que sa tête!

Je la vis, nous avions sept ans;
Mais j'allègue mon ignorance
Quand on veut compter ses printemps;
Ce qui me vaut sa préférence!

Elle porte, présage heureux!
Un nom qui rime avec jolie,
Ce qui charme les amoureux
Quand ils font des vers pour Julie!

Moi, je suis du clan des censeurs,
Aux compliments toujours rebelle.
Des vérités sont les douceurs
Que, parfois, je conte à la belle...

Qui, souriant, me tend la main :
« — Vous êtes plus bourru qu'Alceste !
« Tâchez d'être aimable demain ! »
« — Demain, je vous dirai le reste ! »

Elle m'invite à ses dîners ;
Mais à sa table je m'ennuie :
Tous les visages sont fanés ;
C'est triste comme un jour de pluie !

Avec un soin rusé, pervers,
La coquette n'admet chez elle
Que des femmes dont les hivers
La font encor paraître belle !

J'admire un calcul si profond,
Bien qu'il cache un peu de détresse...
D'un esprit inculte et sans fond
Comme on reconnaît bien l'adresse !

Passe encor!... Là n'est pas le mal!...
Aimant la danse à la folie,
Elle va tous les soirs au bal,
Hélas!... elle est mère... et l'oublie!

Le lui dire est très délicat,
Et, malgré ma brusque franchise,
J'ai reculé devant l'éclat
D'une sortie aussi précise.

Il le faut... je vais me lancer ;
Et, puisqu'elle me trouve un dogue,
J'en profite pour lui glisser
La chose en façon d'apologue !

Je veux lui donner des conseils.
Sous un masque de fantaisie,
On risque mille aveux pareils
A l'ombre de la poésie !

Je rime quelques petits vers.
Sitôt faits, je cours chez la belle ;
Dans ses yeux je vois des éclairs !...
« — Vous voilà... monsieur le rebelle ?...

« Moi qui vous croyais en chemin,
« A la poursuite d'une étoile ? »
« — Sans venir vous baiser la main
« Je n'aurais pas mis à la voile ! »

« — Alors, qu'êtes-vous devenu ? »
« — Vous le savez, je suis poète ;
« Je navigue dans... l'inconnu !
« Et mon cœur vaut mieux que ma tête ! »

« — Pour cela vous avez raison.
« Quant à rimer, c'est autre chose !...
« C'est tout à fait hors de saison,
« Et l'on s'explique mieux en prose ! »

« — Non ! les poètes sont hardis
« Et leurs armes bien aiguisées !
« Aidé par Apollon, je dis...
« Des vérités fort peu gazées ! »


« — Quel est ce rouleau griffonné
« Que vous tourmentez d'un air gauche ?
« Quelque chef-d'œuvre nouveau-né ? »
« — Ce n'est rien qu'une pâle ébauche,


« Indigne d'un si beau regard !
« Je n'ai pas votre clientèle... »
« — Qu'importe !... allons, faites-m'en part ;
« J'écoute pendant qu'on attelle ! »


J'avais le cœur un peu troublé,
J'étais ému de mon audace.
« Conseils à l'éternelle Églé »,
Dis-je en manière de préface.


## A EGLE.


L'automne est la dure saison
Qui sans pitié frappe les belles !
Tout s'assombrit à l'horizon.
Du temps nul n'a coupé les ailes !

En vain on brave son pouvoir,
L'essayer est une folie;
On l'implore sans l'émouvoir.
Il se souvient quand on l'oublie!. .

Vieillir, c'est le terme final
Et le destin de toute chose...
Dans son frais éclat matinal
Le soir ne revoit pas la rose!

La raison doit avoir son tour.
Quand la ride (affreux maléfice!)
Vient marquer le déclin du jour,
Que sert d'employer l'artifice?...

Quand je vois vos jeunes portraits,
Je cherche en vain la ressemblance...
Qu'on veille ou non sur ses attraits,
De l'âge on subit l'insolence!

Si l'on parle de vos enfants,
On pourrait croire, à vous entendre,
Qu'ils n'ont pas fait toutes leurs dents...
Vous avez beau vous en défendre...

Vos filles ont l'âge d'Hébé;
Ses yeux d'azur, son teint splendide,
Il fait son droit, votre bébé;
A sa thèse il préfère Armide!...

Reprenez place au gouvernail,
Ne soyez pas toujours en fête !
Pour badiner sous l'éventail
L'existence, Églé, n'est pas faite.

La femme a d'austères pouvoirs
De fille, d'épouse et de mère,
Et leurs nobles et saints devoirs
N'empruntent rien à la chimère !

Vos filles, frais bouquets éclos,
N'ignorent pas qu'elles sont belles ;
Montrez-nous ces gentils oiseaux
Qui sentent frissonner leurs ailes !

Je le vois, vous avez frémi.
Mon langage vous importune,
Madame : un vrai conseil d'ami
N'est pourtant pas chose commune !

Ceux que charmait votre beauté
Vous raillent avec insolence.
Croyez-le, ma témérité
Vaut mieux que les traits qu'on vous lance !

Hébé, de son culte jaloux,
N'admet qu'une jeune prêtresse
Et vous userez vos genoux
En laissant voir votre détresse !

Le jour est venu d'abdiquer.
Céder est plus digne et plus sage;
Le mieux est toujours de brusquer
Quand on trouve un mauvais passage!...

Devant le cap d'un été mûr,
Plus d'une belle se désole;
Mais si le premier choc est dur,
L'amour maternel la console!

Dans ce sentier il est des fleurs
Dont le parfum enivre l'âme.
Ne dédaignez pas les douceurs
Du dernier amour de la femme!

La seconde maternité
Est votre joie et votre charme.
On montre plus de dignité
Lorsqu'en souriant, l'on désarme!...

Je vous ai parlé sans détour,
Madame, voudrez-vous m'entendre?...
L'amour-propre est aveugle et sourd;
J'aurai le destin de Cassandre!

Et pendant que j'étais en train
De lire mes vers à la belle,
M'interrompant d'un air serein :
« — J'ai peine à trouver, me dit-elle,

« A qui vous décochez ce trait...
« Il est piquant !... Ah ! je devine !
« Excusez mon esprit distrait...
« Oui ! c'est à Mœris... ma voisine !

« Parlez un peu de sa maigreur »,
Ajouta la belle païenne,
« Et nous rirons de sa fureur !... »
« — Il n'est pas sûr qu'elle comprenne...»

Lui dis-je avec timidité.
Le succès de mon éloquence
Me laissant tout déconcerté,
Je gardais un morne silence !...

« — Mon cher, déridez-vous un peu ! »
« Je crois, dis-je en baissant la tête,
« Qu'il faut jeter mes vers au feu :
« Rien n'attendrit une coquette !...

« A cette lecture, Mœris,
« N'en prenant pas un mot pour elle,
« Dirait : Il s'agit de Chloris.
« La peinture vaut le modèle ! »

« — Mais c'est impossible, mon cher.
« Tout mot frappe et se fait comprendre.
« Ce portrait est vraiment si clair,
« Que Mœris ne peut s'y méprendre ! »

« — D'essayer je suis peu tenté ;
« Rien n'y ferait, ni vers, ni prose...
« Mœris croit trop à sa beauté
« Pour supposer qu'elle est en cause ! »

« — Au fait !... brûlez-moi ces noirceurs !
« Dans dix ans, vous seriez capable
« De me conter de ces douceurs !...
« Vous n'êtes pas toujours aimable...

« Lorsque vous videz votre sac !...
« Et maintenant, mon cher poète,
« Allons faire le tour du lac.
« Quatre heures !... ma voiture est prête !

« J'ai deux superbes alezans,
« Mœris en meurt de jalousie !
« Mon mari me fait des présents...
« De l'hymen c'est la poésie ! »

J'écoutais son babil vainqueur !
Pas l'ombre d'un soupçon, d'un doute
N'avait même effleuré son cœur !
Elle allait poursuivre sa route...

J'étais abasourdi, sans voix !
Je ne parlais plus... même en prose.
Un tour de promenade au bois
Fut la morale de la chose !

Presque toujours on prêche en vain ;
N'importe d'où le sermon vienne,
Chacun fait la part du prochain,
Sans songer à prendre la sienne !

Julie était de bonne foi,
Nous avons été de même âge,
Et le temps a marché pour moi,
Sans l'avertir de son passage !

J'ai fini par avoir pitié
De cette pauvre intelligence.
Ne faut-il pas que l'amitié
Ait parfois ses jours d'indulgence ?

Dans mes filets je me suis pris ;
Quel insuccès pour ma requête ! ! !
Mais j'étais fou quand j'entrepris
De convertir une coquette !

1858.


## BOUTS-RIMÉS.


Respirons les parfums sans compter les — pétales.
Voir disséquer des fleurs me rend tout — furibond !
J'aimerais mieux des Goths compulser les — annales
Ou chanter en vers blancs le feu roi — Sigismond !

Des insectes ailés voyez la — myriade !
Il est doux d'admirer l'œuvre du — Créateur !
Tout marche au même but, l'oiseau, l'homme et la — fleur ;
Tout chante un même Dieu, le cygne et la — pléiade !

La terre au mois d'avril éveille les — amours !
Ce qui naît doit mourir ! Toi seule, ô notre — mère,
Pour cacher nos tombeaux tu refleuris — toujours,
Et jamais le soleil ne te laisse en — jachère !


## LA GUERRE. — RÊVERIE.

Quel est cet étendard qui flotte à l'horizon ?
L'airain brille, le sang a rougi le gazon.
Le signal est donné des deux bouts de l'Europe,
Un monde de soldats la couvre et l'enveloppe !
La guerre et ses horreurs se dressent devant nous !
La mort prenant sa faux va préparer ses coups !
Quel lugubre cortège escorte la victoire !
Le bonheur est plus doux qu'un renom dans l'Histoire.
Les lauriers des héros fleurissent dans le sang !
Mieux vaut un laboureur, un juge, un commerçant
Que le plus renommé de ces grands capitaines,
Qui frappent chaque jour des hommes par centaines !
Qui se grisent de sang, de fumée et d'orgueil,
En répandant partout la terreur et le deuil !
Suivons mieux les conseils nobles et tutélaires,

Qui disent : Aimez-vous ! tous les hommes sont frères !
L'ambition d'un seul, le caprice d'un Roi,
A souvent méprisé la justice et le droit !
Quand le tigre s'acharne aux flancs de sa victime,
Il a faim, toute proie est bonne et légitime !
Peut-on lui reprocher de suivre son instinct ?
Et de trouver que l'homme est son meilleur festin !
Le soldat de sang-froid qui va tuer son frère
Est plus cruel qu'un tigre, et non moins sanguinaire !

Deux peuples dans ce siècle ont lutté de fureurs !
En forfaits dépassant ce qu'on connaît d'horreurs !
L'Amérique du Sud changée en cannibales
Pour dévaster le Nord de tout faisait des balles !
Cette guerre insensée, effroyable et sans but,
Au trépas a payé le plus cruel tribut !
Le sang coulait à flots, et des causes frivoles
De ces riches pays faisaient des nécropoles !
Après tant de malheurs, de misère et d'efforts,
Quand les chacals ont eu dévoré tous les morts,
Les vaincus, les vainqueurs comptant d'égales pertes
Sont rentrés en pleurant dans leurs cités désertes !

La guerre est un fléau qui n'est plus dans nos mœurs :
En vain à grand renfort de pompeuses clameurs
On célèbre bien haut les progrès de notre ère,
Nous n'avons rien gagné tant qu'on fera la guerre !
Que ce siècle arborant l'étendard de la paix

Déclare toute guerre abolie à jamais !
Où trouver dans le monde un talent oratoire
Digne de célébrer une telle victoire?...
La paix universelle et la fraternité !
Ce rêve n'aura-t-il pas de réalité ?
Faudra-il à jamais le rayer du possible,
Prétendons-nous gravir un roc inaccessible !
Aux hommes Dieu commande un fraternel amour,
Et le genre humain reste impitoyable et sourd !
Tzar, Président ou Roi, que le Ciel les inspire :
Eux que le sort chargea du bonheur d'un Empire.
Est-ce pour engraisser les champs et les guérets
Que Dieu vous confia le soin de vos sujets?
Des milliers de chrétiens gisant privés de tombe
Semblent à Teutatès offrir une hécatombe !
Sommes-nous devenus de sauvages Gaulois
Ne connaissant plus Dieu, ni le Ciel ni les lois ?
Vingt siècles ont passé depuis ces jours funèbres,
Et nous sommes encor dans les mêmes ténèbres ;
On ne veut pas s'entendre, et le moindre débat
Finit presque toujours par un sanglant combat.
Où donc est le progrès, quand le plus équitable,
Le plus vrai, le meilleur paraît insurmontable?...
Mais la guerre est un crime aux yeux du Tout-Puissant,
Anathème à celui qui fait verser le sang !
Quel superbe projet, quelle heureuse victoire
Que de porter le deuil au sein d'un territoire !
De verser sans remords des flots de sang humain !.

Qu'il est grand d'écraser le faible sous sa main !
C'est là que se réduit tout le succès des armes :
Et le moindre combat fait couler bien des larmes !
Les drapeaux sont rougis ! On trouve que c'est beau
D'avoir mis sans pitié tant d'hommes au tombeau !
Sachons à leur sens vrai ramener toute chose
Et ne prodiguons pas ainsi l'apothéose !

Celui qui frappe un homme et lui donne la mort,
Par le fer de la loi subit le même sort !
Celui qui par caprice en fait tuer cent mille
Trouvera pour l'absoudre un public imbécile !
Qui va crier victoire, et trouvera des chants
Pour célébrer le crime en lyriques accents !
Quel métier que celui d'égorger, de pourfendre !
L'un a dit : C'est superbe ! et digne d'Alexandre,
De César, de Pompée, et l'on répète en chœur :
Que c'est beau ! quel succès ! vivat ! gloire au vainqueur !
La raison est faussée, on se grise de poudre,
Et comme des enfants on joue avec la foudre !
C'est un moment d'ivresse, et quand vient le sang-froid,
On compte ses malheurs, les pertes qu'on prévoit,
Les désastres connus et ceux que l'on ignore,
Et l'on trouve la gloire un plaisir cher encore !...
C'est un luxe cruel, un succès onéreux ;
Comme il faut se garder d'encourager les preux !...
La paix, c'est l'idéal que poursuivent nos rêves :
Guerriers ! dans le fourreau faites rentrer vos glaives !

Que la paix rende au monde, avec la liberté,
Un avenir de calme et de prospérité !...

1889.


# RETOUR DES EAUX. — BOUTADE !


J'ai vanté d'Arcachon les sites enchanteurs,
Son beau lac, sa forêt et ses chaudes senteurs !
Mais d'une ville d'eaux je veux, fatal contraste !
Raconter ce qu'elle a d'affligeant, de néfaste !
Quitter son doux chez-soi, son *home*, sa maison
Pour venir s'enfermer dans sa triste prison !
Quel absurde conseil ! c'est folie, et je doute
Qu'on rencontre souvent la santé sur sa route !
Cette vie à l'hôtel est si pleine d'ennui !
On s'y morfond le jour, on n'y dort pas la nuit !
Quelques gens distingués font passer sur le reste !
Je voudrais être loin de ce séjour funeste !
S'il fait chaud, le soleil aux Indes fait songer.
Et dès qu'il pleut le froid y devient un danger !
On étouffe à midi, tous les soirs on y gèle,
Et chaque jour amène une épreuve nouvelle !


Si l'on ne trouve pas de voleurs dans les bois,
En revanche ils sont là protégés par les lois !
Le vol organisé vous saisit, vous enlace !
Chaque année en augmente et le nombre et l'audace !

Je parle des marchands, du trafic des chalets,
La bicoque se loue à l'égal d'un palais !
Tout se vend à prix d'or ! le filet, la marée,
Rien n'est égal au taux de la moindre denrée !

Sans railway, sans fatigue, et surtout sans émoi,
Si j'ai besoin des eaux, je les prendrai chez moi,
Ce que j'ai vu là-bas ne fait pas ma conquête,
Je le soupçonnais bien, mais l'épreuve est complète !
Ah ! quel tohu-bohu !... Ce caravansérail,
Sans me guérir, m'a fait trépasser en détail !
Et si je vis encor, c'est afin de l'apprendre
A ceux qui vont chercher le salut au... Scamandre !

187 .


## BOUTS-RIMÉS. — JEUX D'ESPRIT.


Pauvre fille ! l'amour t'a bien vite — empaumée !
Qu'un gentil dameret à la toque — emplumée
Te répète deux fois qu'il t'aimera — toujours,
Des planètes pour lui tu troublerais le — cours !
Le damoiseau n'a pas grand besoin d'être — habile,
Ton sourire l'invite, et ta pensée — agile
Devance les aveux ! tu cèdes sans — débats !
Pour la valse à deux temps dès qu'il t'offre le — bras,
Quand il achève enfin de te tourner la — tête,
L'infidèle déjà rêve une autre — conquête !

On dirait que l'amour comme au — colin-maillard
Se bande exprès les yeux pour courir le — hasard.


## LE PRINTEMPS.


De l'aquilon avril fait taire le — courroux.
Le printemps refleurit, le ciel est pur et — doux,
L'oiseau, qui ne craint plus la bise — rigoureuse,
Éveille par ses chants la nymphe — paresseuse !
Tout l'empire de Flore est déjà — rassemblé ;
Cénacle parfumé que Pomone a — réglé !
Quelles riches couleurs ! Iris est là — peut-être ?
Déployant son écharpe aux regards de son — maître,
De l'Olympe les Dieux ne sont plus — exilés,
La Muse d'Offenbach les a tous — rappelés !


## QUERELLE DE MÉNAGE.


Ne parlez pas ainsi de votre grand — courroux.
Peut-on être en colère avec des yeux si — doux !
Mon amour se refuse à la loi — rigoureuse
Que traça votre main distraite et — paresseuse !
De vos graves soucis le cortège — assemblé
Vous presse de me fuir !... c'est un compte — réglé.
Cruelle enfant ! déjà tu regrettes — peut-être

L'époux qui fut pour toi plus un amant qu'un — maître,
Prends pitié de deux cœurs l'un de l'autre — exilés
Qu'à l'amour, au devoir, un mot eût — rappelés !


## BILLET D'ADIEU !


Les tendres souvenirs que tu m'as — rappelés
Du cœur où tu régnas ne sont pas — exilés !
Et de mon désespoir si je suis resté — maître,
Mon âme a plus souffert que la tienne — peut-être !
Va ! laisse-moi te fuir ! mon destin est — réglé !
L'honneur brise ce nœud par l'amour — assemblé !
Demain tu maudiras l'aurore — paresseuse
En attendant ma lettre, hélas ! trop — rigoureuse !
Que le Ciel te réserve un avenir plus — doux
Et fasse sur moi seul retomber son — courroux !

1865.


## PENSEE.


Quand l'amour s'offre à nous environné de — fleurs,
Comme il sait nous cacher ce qu'il a de — tempête !
Il nous laisse en fuyant les regrets et les — pleurs,
Le premier mot d'amour jamais ne se — répète !

## CHANT ÉPICURIEN.

Célébrons Épicure, aimons le — confortable,
Chantons, la coupe en main, le falerne et — l'amour !
Vivons pour être heureux ! dit cet esprit — aimable,
Il eût avec Louis encensé — Pompadour !
Méprisez de Zénon la secte — illuminée,
Que la pourpre de Tyr décore ma — maison,
En marbre de Paros sculptez ma — cheminée,
Et que l'Inde à mes pieds déroule sa — toison.

## BOUTS-RIMÉS.

L'amour se rit de tout ! sans crainte et sans — scrupule !
Il traite ses captifs comme des — Albigeois.
Quand notre heure est sonnée au gré de sa — pendule,
Il blesse également le noble et le — bourgeois !
Ce tyran nous gouverne et sans charte et sans — chambres ;
Mais lorsque notre cœur se glace sans — retours,
Quand la triste vieillesse appesantit nos — membres,
On regrette sa chaîne et ses jeunes — amours !

## SIMON DE MONTFORT.

Ce paladin fameux jadis a sans — scrupule
Porté le désespoir au sein des — Albigeois.

Quand l'heure des combats sonnait à sa — pendule,
Son fer ensanglanté frappait noble et — bourgeois !
A son palais natal, au luxe de ses — chambres
Il avait sans regret dit adieu pour — toujours,
La guerre avait durci son cœur comme ses — membres,
Et son farouche aspect faisait fuir les — amours !


## A UNE JEUNE BACHELETTE.


Je ne suis, belle Iris, ni sorcier ni — mouchard,
Et, bien que vous soyez dédaigneuse et — pimpante,
Je sais votre secret, vous n'avez pas eu — l'art
De nous dissimuler l'amour qui vous — tourmente !
L'amour, loup ravisseur, se déguise en — mouton,
Sous un air innocent il cache sa — fredaine !
Mais du cœur qu'il dérobe il se fait un — toton ;
Croyez-moi, c'est un monstre, un vrai croque — mitaine !


## HENRI IV.


Lorsqu'Henri sur le trône eut besoin de — mouchard,
Il sut en rencontrer jusqu'en sa cour — pimpante,
D'une telle bassesse un courtisan eut — l'art !
Le joyeux Béarnais grandit dans la — tourmente,
Un lion au combat ! en amour un — mouton,
Toujours nouveaux exploits et nouvelle — fredaine,

Aux pieds de Gabrielle il jouerait au — toton,
Pour baiser seulement le bout de sa — mitaine !


## EN CARNAVAL.


La folie a sonné l'heure du — carnaval,
Qu'on m'apporte l'habit le plus — original !
Je veux donner l'essor à mon humeur — fantasque,
Et mettre à l'unisson mon esprit et mon — masque !
Une franche gaieté n'offense point les — Dieux !
Et les cœurs criminels seuls leur sont — odieux !
Respectons du bœuf gras le séculaire — usage,
Du vieux monde au nouveau, c'est un dernier — message !


## ADIEUX D'UN ÉCOSSAIS A SON PAYS.


Il faut donc te quitter ! castel héréditaire,
O sol de la patrie où dorment mes aïeux !
Le clairon sonne au loin, et son appel austère
A remplacé la harpe aux sons harmonieux !

Non, je n'entendrai plus nos lais mélancoliques,
Ces doux chants du foyer qui venaient m'émouvoir,
Je ne chanterai plus nos refrains gaéliques,
O mon clan paternel, te fuir est un devoir !

16

Le soleil tout à coup éblouira ma vue,
Je l'aimais à demi voilé par les brouillards !
Je vais reconquérir la liberté perdue,
Et d'une guerre injuste affronter les hasards !

Ma pauvre harpe, adieu ! vois cette hallebarde
Qui va cueillir pour toi quelque noble laurier,
Ce jeune ménestrel, ce favori du barde,
Poète ainsi que lui, peut devenir guerrier !

Oui, ma tête à la fois peut ceindre deux couronnes,
Pour les cœurs généreux que la gloire a d'appas !
Le plus saint des lauriers, Mort ! c'est toi qui les donnes,
Il n'est rien de plus beau qu'un glorieux trépas !

Jamais les nobles fils de la Calédonie
N'ont, malgré le péril, fui devant l'étranger !
Quand l'un d'eux, combattant contre la tyrannie,
En meurt victime, un frère est là pour le venger !

Fières beautés d'Angus, gardez la souvenance
Du jeune fils du Laird qui fut barde et soldat,
Sa patrie opprimée avait crié : Vengeance !
Sans redouter la mort il courut au combat !

Si ma vie est d'avance acquise à la victoire,
La fée au manteau bleu, la claymore à la main,
Paraîtra pour m'aider à mourir avec gloire
Et des brumes du Nord m'enseigner le chemin !

On me verra sourire à la lance ennemie,
Mes rêves m'offriront les héros des brouillards,
En songeant à Fingal mon âme raffermie
Saura braver le choc et le fer des poignards.

Adieu, pays d'Écosse aux riantes campagnes,
Poétique berceau des chantres de Gaël;
Le clairon fait vibrer les échos des montagnes,
Et la race d'Angus se lève à son appel!


## BOUTS-RIMÉS.

### LA JEUNE MÈRE MOURANTE.


On veut me rassurer; mais je suis bien — malade!
De mes doigts amaigris s'échappe mon — fuseau.
Je murmure avec peine un refrain de — ballade
Et ne puis soulever mon fils dans son — berceau!

Ma vie était pourtant heureuse, — enchanteresse!
Et je vois mon printemps s'effeuiller au — matin!
Un époux bien-aimé m'entourait de — tendresse,
Un ange était venu que je laisse — orphelin!

Doux rêves du foyer que j'aimais à — poursuivre,
Ah! ne me bercez plus... la mort compte mes — jours,
Et brise sans pitié la coupe qui — m'enivre...
Le trépas est jaloux de nos belles — amours!

Tant de bonheur semblait promis à ma — jeunesse !
Mon époux prévoit-il ce funeste — déclin?
Cachons-lui ma douleur ! Qu'un effort de — tendresse
Donne à mes yeux mourants un air vif et — mutin !

1861.


# BOUTADE.


Jadis on n'avait pas l'esprit sombre et — malade !
La Belle au bois dormant, victime d'un — fuseau,
Ou des enfants d'Aymon la naïve — ballade
Charmaient nos bons aïeux trinquant sous un — berceau !
On croyait à la fée, et cette — enchanteresse
Sortait de sa retraite aux rayons du — matin ;
Il lui prenait parfois des accès de — tendresse,
Sa baguette sauvait la veuve et — l'orphelin.

Maintenant, l'idéal qu'on se plaît à — poursuivre,
C'est un sombre génie inventé de nos — jours !
A la coupe tragique on s'abreuve, on — s'enivre,
On met du noir partout, même dans les — amours !
On repousse à plaisir sa riante — jeunesse !
Ah ! comme on la regrette à l'heure du — déclin !
Tout est de mauvais goût, la gaieté, la — tendresse,
Et la muse d'Horace aurait l'air trop — mutin !

1861.

# UN VIEUX POÈTE A SA MUSE.

J'ai poursuivi la gloire, et mon esprit — malade
A l'appel d'Apollon tourne comme un — fuseau.
Heureux qui n'a jamais écrit qu'une — ballade
Et la chante à son fils auprès de son — berceau !

Divine poésie, ô Muse — enchanteresse,
Qui d'un prisme céleste a doré mon — matin ;
Je t'aimai ; tu semblais sourire à ma — tendresse,
Tu couronnas un jour le front de — l'orphelin !

Fantôme séduisant qu'on s'obstine à — poursuivre,
Ton étreinte brûlante a dévoré mes — jours !
Je sais ce que tu vaux... et pourtant je — m'enivre
Au souvenir lointain de nos jeunes — amours !

J'ai vu sans la pleurer s'envoler ma — jeunesse.
Maintenant que mes jours touchent à leur — déclin,
Je t'importune encor de ma folle — tendresse,
Insensible à ton air ironique et — mutin.

1861.

## A FAUST.

MARGUERITE AU CHEVET DE SA SŒUR.

Ami, je pense à toi près de ma sœur — malade ;
C'est en vain que j'essaye à tourner mon — fuseau !
Je veux pour l'amuser chanter une — ballade,
Et tu me poursuis même auprès de son — berceau !


Je crois entendre encor ta voix — enchanteresse,
Elle vient me troubler du soir jusqu'au — matin.
Je n'ai pu repousser cette ardente — tendresse
Qui donnait tant de joie à mon cœur — orphelin !


Jusqu'au pied des autels tu venais me — poursuivre.
Quel ange ou quel démon s'empara de mes — jours ?...
Ton souvenir fatal me consume et — m'enivre ;
Je te fuis, je te cherche en pleurant nos — amours !


Un mortel désespoir a flétri ma — jeunesse.
Ma sœur, de mon printemps vois le triste — déclin !
Ah ! ne livre jamais ton âme à la — tendresse,
Garde bien ton sourire innocent et — mutin !

1861.

# MÊMES BOUTS-RIMÉS RETOURNÉS.

### DÉCLARATION.

Répondrez-vous toujours par un regard — mutin
Aux timides accents de ma vive — tendresse ?
Pour aimer n'attendez pas l'heure du — déclin ;
Laissez couler votre âme aux flots de la — jeunesse !

Le temps le plus heureux est celui des — amours !
Votre sourire est doux ; il m'enchante et — m'enivre.
Que son chaste rayon illumine mes — jours ;
Mon cœur n'a loin de vous aucun but à — poursuivre !

Vous êtes mon espoir ! De naissance — orphelin,
Je n'ai jamais connu cette chaude — tendresse
Qui précède la vie et charme son — matin !
De l'enfance ignorante heureuse — enchanteresse,
Une mère jamais n'a près de mon — berceau,
Au bruit de son rouet, chanté quelque — ballade.
Je n'ai pas dans mes jeux emmêlé son — fuseau.
Je souffre !... ayez pitié d'un cœur triste et — malade.

1861.

## APRÈS LA GUERRE D'ITALIE.

Le clairon des combats vibre dans la montagne.
Que partout et toujours le succès l'accompagne !
O Muse de la France, ô Muse des héros,
Chante encor leur triomphe, embellis leur victoire !
Inscris leurs noms sacrés aux pages de l'histoire,
Donnons aux trépassés un glorieux repos !

Aux vainqueurs des lauriers ! la croix, une couronne !
Célébrons les héros ! pour eux que tout fleuronne !
Chantons ceux que la guerre a rendus triomphants !
Pour les braves tombés nous avons eu des larmes,
Chantons tous aujourd'hui le succès de nos armes.
La France avec transport reverra ses enfants !

Après avoir vanté les héros et les gloires,
Célébrons de la paix les heureuses victoires :
Elle inspire au génie un souffle créateur !
Ce n'est pas dans les camps, dans les plaines désertes,
Que les savants ont fait les grandes découvertes.
Il faut du calme au peintre, au poète, au sculpteur !

Quand Franklin imposa son vouloir au tonnerre,
Quand le soleil docile obéit à Daguerre,
Ils avaient à loisir observé l'horizon :

Le génie a besoin de silence et de calme,
Et l'inventeur auquel on accorde une palme,
N'aurait rien découvert dans une garnison !

    1859.


# LONGTEMPS APRÈS.


La paix semble à nos yeux la plus belle des choses !
La guerre a des lauriers !... la paix sème les roses !
Son règne voit fleurir les lettres et les arts !
Sans Buzenval Regnault vivrait encor sans doute !
Que d'hommes distingués qui sont restés en route !
La bataille a souvent de funestes hasards !

Quand les combats nous font répandre tant de larmes,
Le calme est un bienfait dont on goûte les charmes !
Le travail, l'industrie, ont un magique essor !
Comme on aime la paix quand on a vu la guerre !
Ce qu'elle a de terreurs, nous l'avons su naguère.
Mon Dieu ! ne souffrez pas qu'on le revoie encor !

Aux Expositions que la paix triomphante
Fasse admirer à tous les trésors qu'elle enfante,
Ce qu'on a découvert d'inconnu, de nouveau !
Du génie en travail que la verve féconde
Vienne par des chefs-d'œuvre émerveiller le monde,
Et le grand art français haussera de niveau !

    1880.

## MES LOISIRS.

Je ne sais pas conduire une charrette anglaise,
Courir sur un cheval n'offre rien qui me plaise ;
C'est un art qui demande un courage viril.
Je n'oserais pas même en risquer le péril !
Je n'ai jamais mené l'ombre d'une voiture.
Si Pégase souvent m'a servi de monture,
Ce n'est que sur son dos que j'aime à voyager ;
Et s'il me jette à bas, la chute est sans danger.
Je déteste le turf et l'odeur du cigare,
La poussière, la foule, ennuis dont je me gare !
Chacun, grâce au destin, a des goûts différents.
J'aime des prés en fleur les parfums odorants ;
Aussi je vois de loin le monde en spectatrice,
Je ne sais pas plier mes goûts à son caprice.
Moi qui livre mes jours au doux culte des vers,
On dit que j'ai l'esprit façonné de travers !
J'ai besoin de repos, d'ombre et de solitude,
Du silence des bois enchanté par l'étude !
Paris est fatigant ; j'ai peine à m'aguerrir
Contre des bruits fiévreux que je ne puis souffrir !
Heureuse de revoir les horizons que j'aime,
Des plus chers souvenirs mon rêve se parsème !
Quel plaisir d'échapper au tumulte mondain
Et d'aller respirer les fleurs de son jardin !

SOUVENIR DU MOULINET

Quand le printemps rayonne et lorsque l'oiseau chante,
Je crois renaître aussi : tout me plaît et m'enchante.
A la campagne, ô joie! on rêve, on s'appartient,
D'un doux et cher passé notre cœur se souvient!

Je savourais ma vie active et solitaire
Que ma famille égaye, et qui n'a rien d'austère.
Je pouvais, à mon gré, me livrer à mes goûts,
M'abandonner sans crainte à des loisirs si doux!
Je ne redoutais plus le perfide sourire
Qu'on vous jette en disant : « Ah! vous venez d'écrire! »
Suivez les steeple-chases, allez courir les eaux,
Ou du siège d'un mail conduisez les chevaux;
Que l'excentricité dirige vos allures,
Parfois même au bon goût faites des éraflures,
Le monde s'en amuse, et cela va tout seul,
Comme de promener en laisse un épagneul!
La musique est permise, on en fait, on compose.
Écrire en vers?... jamais! Passe encore pour la prose!
Jusqu'à l'art des pinceaux permis de s'escrimer;
Mais ce n'est que pour soi que l'on osait rimer!...

Poésie! idéal! divin soleil de l'âme!...
On tente vainement d'en comprimer la flamme!
Elle brûle... et ses feux illuminent l'esprit.
Plus on veut l'étouffer, et moins on en guérit!
Vers tes doux horizons je porte ma pensée.
Ces loisirs délicats ne m'ont jamais lassée!

Le chatoyant lézard qui rampe sur le sol
En vain du papillon voudrait suivre le vol !
Le domaine des airs, les voûtes éternelles,
Appartiennent à ceux qui se sentent des ailes.
Le soleil cesse-t-il d'illuminer les cieux,
Parce que le hibou ne peut ouvrir les yeux...
Chacun suit son chemin. Tandis que l'oiseau chante,
Le grillon trouble l'air de sa note stridente !
Favori de la Muse, élève d'Apollon,
Continue à rêver dans le sacré vallon !
Amant de l'idéal, qu'importe qu'on t'éreinte,
La foule des rieurs ne va pas à Corinthe !
Que Phœbus soit raillé par les esprits étroits,
La Muse pour cela ne perdra pas ses droits !
Cultive, en dépit d'eux, cet art si plein de charmes,
Et ce n'est pas à nous de leur rendre les armes !...
Quant à ceux dont le cœur cultive le veau d'or,
Que t'importe ! Chacun de nous a son trésor !
Le nôtre ne saurait exciter leur envie !
J'aime à lui consacrer et mes soins et ma vie.
Que voulez-vous de moi ?... Je ne sais que chanter.
Les fêtes et les jeux ne peuvent me tenter !
Pour qui raille les vers, le titre de poètes
Équivaut à celui de faiseurs de sornettes.
Et qu'importe le nom qu'on donne à nos essais !
Le bonheur le plus grand n'est pas dans le succès.
Oublions leurs discours, Muse, et retournons vite
Au rivage enchanté que ma pensée habite !

On dit que je suis née une plume à la main.
S'il est vrai, m'empêcher d'écrire est inhumain !
Je n'aime que les vers... en tracer me repose !
La plume est un outil qui m'est rebelle en prose ;
J'ai rimé dès l'enfance, ignorant toute loi.
Ma mère s'amusait à cultiver en moi
Cette facilité de scander ma pensée,
Qui venait, sans effort, doucement cadencée.
Le don de poésie est un présent du ciel,
C'est de l'âme et du cœur le langage éternel.

1860.


## 1892


Quand j'écrivis ces vers, en mil huit cent soixante,
Du nombre des auteurs la femme était absente.
Au fond de mes tiroirs, et comme des proscrits,
J'ai pendant bien longtemps caché mes manuscrits.
Mais des femmes, plus tard, ayant signé leur livre,
La voie était ouverte, et je pouvais la suivre :
*Plouarzel* terminé, j'allais le publier,
Quand la guerre éclata !... faisant bien oublier
Ces plaisirs de l'esprit qui charmaient ma pensée.
Par le chagrin, l'effroi, mon âme fut glacée !
Voir la guerre, pourtant, son carnage fatal,
Nous fait chercher l'oubli dans un monde idéal.
Pour vaincre sa douleur on cherche à se distraire.
J'avais repris ma plume, afin de m'y soustraire.

J'ai peine à m'arracher à ce doux passe-temps,
Qui, si je l'écoutais, prendrait tous mes instants !
Contre sa tyrannie on cherche à se défendre ;
La lutte est difficile !... on finit par se rendre !
La plume est la sirène antique au doux appel !
L'ennui m'est inconnu : son aiguillon cruel,
Malgré de grands chagrins, sur moi n'eut pas de prise.
La Muse est une fée, elle nous électrise !...
Je n'ai d'autres plaisirs que ce modeste goût ;
Il m'a charmé la vie et me tient lieu de tout !
Des ennuis de ce monde écrire est l'allégeance ;
Mes soixante-treize ans espèrent l'indulgence !

    1892.


# ÉCRIT SUR UN ÉVENTAIL

### MARQUÉ D'UN GRAND D. — DISTIQUE.

Dieu, désir et douleur, défaillance et devoir,
Toute la vie est là : le malheur et l'espoir !


# PASTEL. — BOUTADE.

C'est un petit monsieur blasé comme un vieillard,
Plus ridé qu'une pomme à la fin du carême !
Vaniteux et menteur, vide autant qu'un problème,
De l'humaine sottise il a plus que sa part !

Chez lui la nullité se joint à l'impudence,
On peut manquer d'esprit, de savoir et de cœur,
On peut courir les dots avec l'air d'un vainqueur,
Mais nul n'avait si loin poussé l'outrecuidance !

Sa mine est agaçante et fait songer à mal ;
D'un orgueil ridicule il offre l'apanage,
Sans malice on rirait de ce plat personnage,
Tombant dans un bourbier en costume de bal !

De ces faux gentlemen, de ces aimables drôles,
Flagellons sans pitié les désirs effrénés.
Au large ! beaux dandys ! on vous a devinés,
Et vos prétentions font hausser les épaules !!...

    1837.


## CHANT DE GUERRE.


Être asservis, grand Dieu ! que cela fait souffrir !
Ah ! pour la liberté tous nous saurons mourir !
Écoutez ! la trompette, elle appelle les braves,
Chant de mort des tyrans, et l'hymne des esclaves !
La patrie en danger demande des soldats,
Mourir pour son pays est le plus beau trépas !
Aimons la liberté ! du cœur l'élan sublime !
Dans nos pensers c'est Dieu lui-même qui l'anime !

La lutte maintenant est notre seul devoir !
Des oppresseurs, la mort méprise le pouvoir !
Au combat, au combat ! qui meurt l'âme aguerrie,
Est vraiment un héros, quand c'est pour sa patrie !
Si jamais les tyrans chassaient la liberté,
Dieu ! tu nous la rendrais dans ton éternité !
La mort n'a pas de chaîne et méprise l'outrage ;
Elle seule affranchit d'un honteux esclavage.

Imité de Thomas Moore, 1837.

## DOULEUR.

Vainement on m'exhorte à quitter ce séjour,
J'y retrouve partout sa ravissante image,
C'est un dernier bonheur que cherche mon amour.
La pleurer, n'est-ce pas encor lui rendre hommage ?...

Je puis sans me contraindre y répandre mon cœur ;
Que ma félicité fut douce, mais rapide !
J'avais trouvé l'Éden ! ivre de mon bonheur,
Je restais à ses pieds comme un enfant timide !

Moi que dans les combats on a vu tant de fois,
Et qui dans les hasards jouais ma destinée...
Pour lui plaire je vins me fixer dans ces bois,
Et mon bonheur a fui dès la première année !

# ESPÉRANCE ET DOULEUR.

Peuple ! réveille-toi ! sors de ta léthargie !
Le danger est prochain ! il faut de l'énergie !
N'entends-tu pas au loin les appels des clairons ?
Rassemble tes soldats ! — Bouclez vos ceinturons !
Un perfide ennemi déchire tes entrailles,
Meurs en le combattant, ou sauve tes murailles !
Paris, si gai jadis, est morne et dévasté,
Nul bruit ne vient troubler son immobilité !
Dans cette ville en deuil autrefois sans rivale,
Nul ne reconnaîtrait ta fière capitale !
Au pied des saints autels va chercher du secours,
France ! implore ton Dieu, seul maître de tes jours !
L'Église aime et protège en toi sa fille aînée,
Et le Ciel ne peut pas t'avoir abandonnée !
Étoile qui jadis brilla sur un berceau,
Indique-nous encore un rédempteur nouveau,
De ce peuple éperdu raffermis l'espérance,
Envoie un défenseur qui sauvera la France,
Brille encor sur le front peut-être d'un soldat
Qu'on proclame un héros du milieu du combat !

1870.

## UN CONCERT DU TEMPS PASSE.

Les lustres répandaient sur la foule élégante
De leurs feux irisés la lumière éclatante ;
Un luxe printanier qui n'a rien de banal
Prête à ce beau séjour un charme original !
De ces vastes salons des fleurs sont la parure.
Aux angles des bosquets, pas la moindre dorure !
Mais tous les arts semblaient se donner rendez-vous
Dans cet aimable hôtel, qui fit tant de jaloux !
Unique à cette époque !... il a vu sous ses lustres
Passer ce que Paris comptait d'hommes illustres :
Des lettrés, des ténors poètes et galants,
Tous les genres d'esprit, comme tous les talents !
Des princes étrangers des plus hautes noblesses,
Ministres, magistrats, généraux et duchesses :
Tout l'élite d'un monde aujourd'hui dispersé,
La mort a pris les uns, les autres ont passé...
Météores brillants qu'un soir vit disparaître,
Jours trop vite écoulés, vous ne pouvez renaître !

Les salons sont remplis : on s'entasse partout,
Et les derniers venus doivent rester debout !
Un torrent d'harmonie impose le silence,
On se tait : on écoute, et le concert commence !
Entendre est applaudir cet artiste excellent
Dont l'âge a respecté le merveilleux talent.

Tambourini superbe ! un maître incomparable !
Grand-père toujours jeune, et chanteur admirable !
De la Frezzolini je vois les yeux si doux,
Le sourire attrayant qui nous a séduits tous !
La voir n'est pas assez, il faut encor l'entendre !
Sa voix possède un charme aussi brillant que tendre.
Quelle âme ! quel brio ! quels suaves accents !
Comme elle sait trouver des effets ravissants !
La fille de Lablache est digne de son père !
Contralto magnifique et méthode sévère :
Son obligeance double un succès mérité !...
Naudin nous a ravis ! nul n'est mieux écouté.
Véritable talent d'allure poétique,
Acteur, homme du monde, un ténor sympathique.
Sa voix suave et douce obtient de grands succès,
Et l'agrément s'accroît d'applaudir un Français !
Nous entendons bientôt l'artiste sans pareille,
Qu'à la ville, à la Cour on nomme la merveille !
Que sa voix est flexible, et comme elle dit bien !
Nul talent de salon n'est comparable au sien !
Quand elle a murmuré : « Mireille ! je vous aime ! »
A ses pieds on voudrait le lui dire de même...
L'émotion bientôt fait place à la gaieté,
On applaudit Nadaud avant qu'il ait chanté !
Le Roi des chansonniers, Nadaud, dont le sourire
Traduit si finement ce qu'il n'ose pas dire !...
Sa Muse à toute chose emprunte sa moisson,
Et jette aux vents légers sa joyeuse chanson !

Folle et maligne enfant de roses couronnée,
Par sa verve railleuse en riant mutinée !
Charmante d'à-propos, la belle au frais minois,
Grisette ou grande dame, a tout l'esprit gaulois !
Tantôt sentimentale et souvent éloquente,
Elle charme toujours ! tantôt vive et piquante,
Lasse de son bonnet qui lui semble un peu lourd,
Le jette en se jouant aux moulins d'alentour !
C'est l'aimable enjouement d'un esprit mis à l'aise,
Pour tout dire en deux mots, c'est la chanson française !
On nous avait promis un concert enchanteur.
D'habitude un programme est un affreux menteur !
Mais contre l'ordinaire épanchant ses richesses,
Celui-ci largement dépasse ses promesses !
J'en garde un souvenir avec joie évoqué ;
Je ne sais quel attrait, quel charme inexpliqué
Rendaient ces beaux salons chers à tous les artistes ;
Hélas ! depuis longtemps ils sont fermés et tristes !
Mais que de chants alors ! que d'heures sans souci !
Le grand monde du temps venait causer ici !
L'avenir semblait beau ; nous ne soupçonnions guère
Quel désastre effroyable amènerait la guerre !
Afin de l'oublier je cherche le passé,
Il vit dans ma mémoire, où rien n'est effacé !


Notre aimable Mécène en souriant se lève,
Et pour quelques instants la musique fait trêve ;

Le buffet nous appelle : il faut se rafraîchir ;
Échanger quelques mots, ou parfois les subir !
On se mêle en causant des charmes de la fête,
De loin on se salue, on montre sa toilette,
Rubis et diamants, perles... de bon aloi
Dont le total chiffré vaut la rançon d'un roi !
Des dentelles qu'il faut regarder à la loupe !
Des tuniques dont Worth a médité la coupe !
C'est un flot de velours, de tulle, de satin,
D'épaules, de bras nus, où l'œil perd son latin !
Dans ce charmant salon de nobles élégances
Aux amateurs des arts offrent des jouissances :
Tous les murs sont garnis de tableaux renommés ;
Les oreilles, les yeux tour à tour sont charmés :
J'aperçois une amie, et je cherche à grand'peine
A lui jeter deux mots ; — impossible ! on m'entraîne,
On ne peut à sa guise échapper au courant,
Il faut marcher quand même et suivre le torrent !
Pressés à droite, à gauche, au sein de cette houle,
On ne s'appartient plus !... on dépend de la foule !
A mes côtés pérore un mauvais avocat,
Cet homme est aussi laid que son langage est plat,
De l'ennui qu'il exhale il n'a pas conscience,
En parlant il se croit encore à l'audience !
Il est dans un salon flegmatique et gourmé,
Pour la lutte on dirait qu'il est toujours armé !
Nous échappons enfin à cet orateur bouffe !
Nous sommes au buffet ! « Une glace ! on étouffe !

« Un sorbet !... un granit !... » De tous côtés ces mots
Passent de bouche en bouche, et meurent en échos !


Vite ! en place ! on prélude ! on va chanter sans doute !
Tant bien que mal on cherche à se frayer la route :
Dans des flots de dentelle on se fait un chemin ;
On échange un salut, on se serre la main :
A grand'peine on s'assied si l'on trouve une chaise !
Le tumulte a cessé ; le bruit des voix s'apaise.
L'orgue se fait entendre et chante sous les doigts ;
De la poitrine humaine il emprunte la voix !
Dans ce concert d'élite, où tout semblait féerie,
Nous avons entendu la charmante Marie !
Charmante ! c'est le mot ; s'il n'eût pas existé,
C'est pour la désigner qu'on l'aurait inventé !
Elle plaît tout d'abord : je ne sais quelle grâce,
Sans fard et sans apprêt, vous saisit, vous enlace !
On ne s'en défend pas, et l'on est tout surpris
De la connaître à peine et d'avoir le cœur pris !
Elle est bien jeune encore, et cependant chez elle
La grande artiste perce et déjà se révèle !
On ne saurait la voir d'un œil indifférent,
Sa voix, ses traits, ses yeux rappellent Malibran !
L'art du chant n'est-il pas un trésor de famille,
Que toute Garcia doit transmettre à sa fille ?
Cette frêle nature avait le feu sacré...
Don trop souvent fatal au génie inspiré !
Moins d'une année, hélas ! après ce jour de fête,

La mort avait passé sur cette jeune tête !...
Que d'autres ont depuis rejoint ce beau talent
Sur la route fatale où la mort nous attend !
Ceux qui nous rassemblaient sous leur toit poétique
Ont senti du trépas le pouvoir despotique...
De ces jours de plaisirs la mort clôt le récit,
C'est l'éternel destin !... tout se termine ainsi !...

Avril 1865.

# FOLIES D'ANTAN. — 1839.

## PLAIDOYER D'UNE SOURIS.

Qui donc imagina de désigner de même
Un objet déplaisant et le charme suprême ?
Mon destin n'est-il pas d'inspirer tour à tour
      L'horreur ou bien l'amour ?
Lorsque du masculin j'invoque l'assistance,
Les cœurs me sont acquis sans craindre l'inconstance.
Je suis de la beauté le plus doux ornement,
    La récompense et l'espoir d'un amant !
       Mais malheur à la belle,
       A mon pouvoir rebelle !
Je viens parfois en aide à la douleur
Pour dérober les tristesses du cœur !
Je sers de masque à la diplomatie,
    Elle m'estime et m'apprécie...


    Le plus souvent je suis mondain,
    Et même folâtre et badin,
    Je sais aller jusqu'au dédain !
    Mais je suis indéfinissable

Et fugitif autant qu'insaisissable !
L'haleine du zéphyr, un souffle nuageux,
D'une blanche vapeur les méandres neigeux
    Sont comme moi nés au pays des songes !
        Avec mon charme sibyllin
    Je suis souvent le plus doux des mensonges !
Que ne puis-je à mon gré guider le sort malin !
Je garderais toujours le noble masculin,
        Car je suis un être complexe !
Qu'on peut à volonté faire changer de sexe !


Hélas ! au féminin que mon sort est cruel !
        Le cœur de l'homme est plein de fiel !
Chacun dans sa maison veut m'empêcher de vivre...
        Et l'on s'acharne à me poursuivre !
Jamais chat bien appris ne m'a fait de quartier !
Parfois je me prends même aux pièges du ratier...
Dans un temps plus heureux des mains presque royales
Qui dans toute la Cour n'avaient pas de rivales,
Se laissaient mordiller par de blanches souris ;
C'était de Montespan l'un des jeux favoris !
    Elle n'est plus ! et notre pauvre race
        Qui pourtant tient si peu de place,
        Avec de riantes amours,
        Vit disparaître ses beaux jours !


Notre doux nom devrait être une sauvegarde,
        Avec effroi pourtant l'on nous regarde !

Chauves-souris, mes quasi-sœurs,
N'allez pas croire que vos ailes
Vous défendent des agresseurs...
Les toits ont aussi leurs chasseurs,
Et ne sont pas des citadelles !
De sexe, moi, je veux changer !
Sur des lèvres de rose il vaut mieux voltiger !
J'adoucirai les plus rebelles.
Rien ne peut me décourager,
Moi qui suis la beauté des belles !
Du masculin je rêve les douceurs !
Jeunes filles, plaidez une si juste cause !
C'est la vôtre ! avec moi vous aurez des danseurs,
Qui deviendront des maris, je suppose !
Et grâce à la métempsycose,
En doux sourire on me métamorphose !

1837.

## ÉNIGME

QUI N'A PAS BESOIN DE SPHINX. — INSANITÉ!

La terre a mon appui par l'ordre du destin :
Ma royauté s'étend de la nuit au matin.
Je hais le Dieu du jour et son disque de flamme,
Je suis à moi tout seul un excellent dictame,
Je commence et j'achève un terrible combat,
Et prends toujours ma part du plus petit débat!
Je protège les arts, j'aime le fantastique
En dépit cependant de mon goût romantique,
Les gazons, les oiseaux, la lune et les amours,
Les ombrages fleuris et les mignons discours.
Il faut bien l'avouer!... la chose est authentique,
La poésie, hélas! refuse mon concours !...

Dans un trio je fais lestement ma partie,
      En préférant l'allopathie.
   Je viens en aide à l'homéopathie,
      Mais sans moi plus de sympathie !...
Et le grand Washington, Térence, le Latin
Pétrarque et Mahomet, le Dante et Constantin,
Aristote et Milton, même Fontanorose
   Sans mon secours seraient bien peu de chose,
Je blâme l'inconstance et je sers l'inconstant;
Je me plais au récit d'un combat palpitant!

Le théâtre me vit entrer avec Voltaire,
Bien que toujours je trône au milieu du parterre,
Sur Corneille et Racine il a fallu me taire !
    Je fuis loin des riches palais
    Pour habiter les modestes chalets.
On me vit à Carthage, à Tyr, et même à Sparte
J'ai suivi Talleyrand, le Tasse et Bonaparte,
Et de l'est à l'ouest, passant par l'équateur,
Je domine l'Atlas de toute ma hauteur ;
Des bord de la Tamise aux terres d'Australie
Je vole en traversant la fertile Italie !
En naissant, en mourant il faut finir par moi
Sous peine d'oublier Vaugelas et sa loi !
J'accompagne partout le peintre et le poète.
    Sans mon aide il n'est pas de fête
      Ni même de conquête
    Qui soit absolument complète !

Le don d'ubiquité m'appartient ! c'est flatteur !
Et je me change en or pour l'heureux armateur !
Les fils de ma famille en vers ainsi qu'en prose
Ont besoin de s'aider pour dire quelque chose ;
Mais moi, mon nom suffit ! il promet un plaisir :
On me fête partout sans cabale et sans brigue,
Paris me veut du bien, et Londres me prodigue !
Vers le milieu du jour j'apporte un doux loisir.
On oublie avec moi les soucis, la fatigue.
Je réveille les sens prêts à s'appesantir,

Ma brûlante liqueur aide à se divertir !
J'anime les récits à l'heure où l'on devise,
Parfois je suis bon prince et me popularise :
Madame Gibou même aux jours de réveillon
Me sert à ses amis sous forme de bouillon !
Ce dernier poussa-t-il dans le Céleste Empire,
Le potager voisin pourrait seul vous le dire !
Cette manie anglaise a passé le détroit.
Au plus humble foyer je suis admis de droit !


Quel aspect triste aurait la brumeuse Angleterre
Si je n'égayais pas un peu son caractère ?...
Je figure à toute heure, et surtout au luncheon,
Si je manquais un jour, que deviendrait London ?...
    J'ai le pouvoir de chasser la migraine,
      Je suis la moderne Hippocrène,
La plus noble lady sait dans l'occasion
Prêter sa blanche main à mon infusion,
Ensuite offrir le sucre, et d'une grâce extrême,
      Nouvelle Hébé, verser la crème !
De Buckingham Palace au dernier carrefour
Je règne en souverain, à la ville, à la Cour !
Je suis la grande affaire, et dans chaque famille
Mes destins sont remis à la plus jeune fille.
Le talent distingué de ma confection
    Dans lequel toute Anglaise brille,
Entre chez nos voisins dans l'éducation !

Bien qu'il soit peu séant de se choisir pour thème
Et d'oser célébrer ses louanges soi-même,
    Je crois vraiment sans trop de vanité
Qu'ayant bien plus d'esprit après m'avoir goûté,
On doit me boire en chœur, à l'unanimité !

    1839.


FIN.

# TABLE

PARIS. — TYPOGRAPHIE DE E. PLON, NOURRIT ET C<sup>ie</sup>, RUE GARANCIÈRE, 8.

# ERRATA

Page 72, ligne 6. — Babour, l'aigle d'Asie, éteint au loin son vol, lire :
*étend.*

Page 203, ligne 1. — Minda à Hafed, lire : *Hinda* à Hafed.

Page 216, ligne 16. — Du peu de poésie, lire : *D'un peu.*

Page 224, ligne 17, lire : *A Églé.*

Page 251, ligne 11, lire : *steeple-chase.*

Page 258, ligne 1, lire : Un concert du temps *passé.*

Page 275, ligne 1. — Mélancolie, lire : *Espérance.*

La marque de fabrique de la manufacture de Sèvres, qui figure en plusieurs endroits du livre, a été mal exécutée.

En voici le véritable dessin :

PARIS

TYPOGRAPHIE DE E. PLON, NOURRIT ET Cⁱᵉ

Rue Garancière, 8